Kim Posster

Männlichkeit verraten!

Über das Elend der ‚Kritischen Männlichkeit‘ und eine Alternative zum heutigen Profeminismus

Kim Posster lebt in Leipzig und publiziert seit mehreren Jahren zur (praktischen) Kritik an Männlichkeit in *konkret, analyse & kritik, Jungle World* u. a. Er war an mehreren Versuchen der organisierten Reflexion von Männlichkeit beteiligt, die er allesamt als gescheitert bewertet. Ein Archiv seiner Artikel und Vorträge findet sich auf: https://kimposster.blackblogs.org

Relationen – Essays zur Gegenwart 17

hrsg. von David Jünger, Jessica Nitsche und Sebastian Voigt

Kim Posster

Männlichkeit verraten!

Über das Elend der ‚Kritischen Männlichkeit' und eine Alternative zum heutigen Profeminismus

Neofelis Verlag

Umweltschonend gedruckt auf Circle Offset Premium White
(100% Altpapier, Blauer Engel).

Bibliografische Information der Deutschen Nationalbibliothek
Die Deutsche Nationalbibliothek verzeichnet diese Publikation in der Deutschen Nationalbibliografie; detaillierte bibliografische Daten sind im Internet über http://dnb.d-nb.de abrufbar.

6., korrigierte Auflage, 2025

Umschlaggestaltung: Marija Skara,
unter Verwendung eines Fotos von Jose Fontano.
Lektorat & Satz: Neofelis Verlag (mn / alr)
Druck: UmweltDruckhaus Hannover, Langenhagen
ISBN (Print): 978-3-95808-426-1
ISBN (PDF): 978-3-95808-477-3

www.neofelis-verlag.de
Neofelis Verlag GmbH, Kuglerstr. 59, D-10439 Berlin, info@neofelis-verlag.de

Inhalt

Vorwort 7

Danksagung 9

Vorbemerkung zur Begrifflichkeit 10

Einleitung 11

I Yes, all masculinities 17

II Männlichkeitskritik als Lebensberatung 31

III Von Privilegiencheckern und kritischen Man-Babies . . 45

IV Nicht alle Typen sind ja Täter, aber … 53

V Auf zu neuen Taten … 83

Literaturverzeichnis 99

Vorwort

Das Private ist politisch. Diese Parole gilt als Leitmotiv der sich seit den späten 1960er Jahren formierenden Zweiten Frauenbewegung. Standen zuvor Fragen von Gleichberechtigung und Geschlechtergerechtigkeit im Zentrum der feministischen Debatten, ging es nun vielmehr um Fragen von Emanzipation und Selbstbestimmung. Gesellschaftliche Veränderungen seien nicht allein durch politische Entscheidungen im öffentlichen Raum, sondern auch – oder vielleicht sogar insbesondere – durch ein verändertes Bewusstsein und individuelles Verhalten im Privaten zu erreichen.

Diese Entwicklungen führten zu ersten Auseinandersetzungen um Männlichkeit, die vorwiegend in linken Gruppen und Bewegungen geführt wurden, aber auch zur Gründung von Männergruppen, in denen Männlichkeit diskutiert und individuelles Verhalten geändert werden sollte. Derartige Gruppen und die in ihnen aufgehobene Praxis der Selbstbefragung existieren bis heute fort. Ab etwa 2010 etablierte sich hierfür schließlich der Begriff der Kritischen Männlichkeit.

Trotz begrifflicher Verschiebungen, inhaltlicher Erweiterungen und theoretischer Schärfung steht im Zentrum der Bewegung weiterhin der Umgang mit individueller Männlichkeit als Beitrag zu einer gerechteren bzw. feministischen Gesellschaft. Einige der Themen dieser Bewegung haben es immerhin in die Debatten des gesellschaftlichen Mainstreams geschafft, wie z. B. der Begriff der ‚toxischen Männlichkeit' oder die Auseinandersetzung um ‚neue Väter'. Trotz dieser Teilerfolge und obwohl Feminismus insbesondere im Zuge der Gender- und Transgenderdebatten eine immer größere Aufmerksamkeit erfährt, führt die Kritische Männlichkeit auch weiterhin eher eine Nischenexistenz.

Dies ist für Kim Posster jedoch kein Grund, die Kritische Männlichkeit zu ignorieren oder sie unkritisch zur Kenntnis zu nehmen. Im Gegenteil. In seinem Essay *Männlichkeit verraten! Über das Elend der ‚Kritischen Männlichkeit' und eine Alternative zum heutigen Profeminismus* geht er mit dem proklamierten Profeminismus der ‚kritischen Männlichkeit' hart ins Gericht. Seine Positionierung resultiert vor allem aus dem Scheitern eines jahrelangen Aktivismus innerhalb dieser Szene. Sie ist das Ergebnis aus Enttäuschung und Frustration über den Umgang in der Linken mit Männlichkeit, aus den unzähligen, letztlich konsequenzlosen Debatten in unterschiedlichen Gruppen in den letzten Jahren.
Die vermeintlich kritische Reflexion auf Männlichkeit in profeministischen Männergruppen erklärt Posster für gescheitert. Dieses Scheitern theoretisch zu analysieren, ist eines der Ziele seines Essays. Zugleich verharrt der Autor aber nicht bei der bloßen Analyse, sondern plädiert mit der Polemik einer produktiven Wut dafür, sich besser konkreten feministischen Kämpfen anzuschließen als alle cis Männer zu einer Beschäftigung mit ihrer eigenen Männlichkeit abholen zu wollen. Damit wäre ein erster Schritt getan, um die patriarchalen Zustände inner- und außerhalb der Linken langfristig zu überwinden, und mehr für die ‚kritische Männlichkeit' erreicht als in allen (männlichen) Diskussions- und Reflexionsgruppen der letzten Jahre. Possters Essay enthält damit implizit auch die Aufforderung, das Leitmotiv der Zweiten Frauenbewegung, dass das Private politisch sei, nicht zur Seite des Privaten hin aufzulösen, sondern das dialektische Verhältnis von Privatheit und Öffentlichkeit und der darin aufgehobenen Möglichkeit des politischen Handelns aufrechtzuerhalten. Mit dieser deutlichen Positionierung fügt sich der Band treffend in die Reihe *Relationen. Essays zur Gegenwart* ein.

David Jünger, Jessica Nitsche und Sebastian Voigt
Rostock, Paderborn / Bonn, München / Leipzig
April 2023

Danksagung

Ich möchte allen Feminist*innen danken, die sich über die Jahre mit mir auseinandergesetzt, diskutiert und gestritten haben. Danke an die Genoss*innen von #KeineMehr Leipzig, Anna, Daria, Karina, Koschka, Lisa u. v. m.

Ebenfalls danken will ich dem Neofelis Verlag, insbesondere Matthias Naumann für das Lektorat und David Jünger, Jessica Nitsche und Sebastian Voigt für die gemeinsame inhaltliche Arbeit.

Mein besonderer Dank gilt Bilke Schnibbe und Jeja Klein, mit denen dieses Buch ursprünglich konzipiert, aber aus Kapazitätsgründen nicht zusammen verwirklicht werden konnte, Lilith Poßner für die Korrektur der Rohfassung, Ashley Memo für die Jahre des gemeinsamen Scheiterns und daran klüger Werdens. Und Michi, für alles.

Vorbemerkung zur Begrifflichkeit

Das Geschlechterverhältnis produziert zwar Identitäten, ist aber nicht einfach ein identitäres Projekt. In diesem Buch werden deshalb immer wieder Identitätskategorien aufgerufen, wenn benannt werden soll, wie diese meistens agieren oder was diese betrifft, auch wenn das die Wirkweise von Männlichkeit und männlicher Vergeschlechtlichung nicht vollständig trifft. Kapitel 1 wird darauf noch ausführlicher eingehen.

Konstruktionen, wie „(cis) Männer“, bedeuten, dass hier hauptsächlich cis Männer gemeint sind, aber der beschriebene Zusammenhang potenziell alle Männer betrifft.

Einleitung
Vom Ende einer Gruppe und von neu entfachter Wut

Die Revolutionäre Jugend Gruppe Bern (RJG) löst sich auf. Nach zwölf Jahren linksradikaler Politik in verschiedenen Bereichen entschieden die FLINT-Personen (FrauenLesben InterNicht-BinärTrans) der Gruppe Ende 2020, die Zerschlagung der eigenen Struktur zu fordern und so mit ihren Genossen zu brechen.[1] Denn die Gründe dafür waren zwar vielfältig, ließen sich aber alle auf ein Problem zurückführen: Männlichkeit: Alle, die keine cis Männer waren, wurden nicht auf Augenhöhe behandelt, außer sie konnten sich durch überragende Leistungen auf dem Terrain der männlichen Polit-Profilierung (Output, Theorie, Militanz) als *one of the boys* beweisen. Interesse und Aufmerksamkeit gab es sonst nur für jene, die den Genossen begehrenswert erschienen – was jedoch mit einem zusätzlichen Respektverlust durch (sexualisierende) Verniedlichung einherging. Die feministische Kritik an männerbündischer Kultur und Sexismus wurde immer wieder übergangen und abgewehrt. Feministische Anliegen, die pädagogisch-einladend auftraten, wurden dabei gutmütig abgenickt (und dann in ihren Konsequenzen ignoriert). Wütende Forderungen hingegen wurden direkt abgelehnt – meist mit der Klage, dass *das* ja nun wirklich kein Umgang unter Genoss*innen sei. Wie tief diese herrschaftliche Ignoranz verankert war, erwies sich, als mehrere Täter von sexualisierter Gewalt bekannt wurden, die aus der Szene stammten – darunter ein

1 Alle folgenden Zitate und Bezüge zur RJG aus: Statement der FLINT Personen zur Auflösung der RJG. In: *Barrikade*, 09.11.2020. https://barrikade.info/article/3991 (Zugriff am 13.06.2022).

Genosse der RJG. Wie der Täter selbst zeigten auch die anderen cis Männer der Gruppe kein Interesse an einer Beschäftigung mit dieser männlichen Gewalt. Stattdessen stellten die cis Männer der RJG immer wieder die Frage, wann man(n) denn endlich wieder ‚richtige Politik' machen könne.
Alle, die den Hauch eines feministischen Bewusstseins und Erfahrungen in der (radikalen) Linken haben, wissen, dass das Verhalten der RJG-Genossen nichts Besonderes ist. Die Dynamiken gestalten sich meistens vielleicht etwas subtiler, doch spätestens im Ergebnis gedeihen männerbündische Kultur, fest verankerter Sexismus, herrschaftliche Ignoranz und (sexuelle) Übergriffe durch vor allem cis Männer überall dort, wo diese nicht bereits von vornherein ausgeschlossen sind. Außergewöhnlich ist deshalb nicht, was den Feminist*innen der RJG entgegenschlug, sondern welche Konsequenzen sie daraus zogen. Im Normalfall enden die zermürbenden Kämpfe gegen männliche Dominanz nämlich in der Resignation. Viele verlassen ihre Gruppen, organisieren sich nur noch ohne cis Männer oder werden gleich vollständig aus der Linken rausgeekelt. Weil die Aussichten auf Unterstützung und Aufarbeitung so miserabel sind, wird die absolute Mehrzahl der männlichen Übergriffe gar nicht erst (intern) öffentlich gemacht. Stattdessen entstehen sogenannte *whisper networks* untereinander, die vor den gewalttätigen cis hetero Männern warnen, die sich massenweise, aber unbehelligt in linken Organisationen und Räumen bewegen. Das augenrollende Schnauben über *menners* ist der weit verbreitete Ausdruck einer feministischen Empörung, die weiß, dass eine ernsthafte Auseinandersetzung um antisexistische Standards mit cis Männern nahezu hoffnungslos ist.
Die Feminist*innen der RJG entschieden hingegen, dass genau dieser Kampf geführt werden muss und dass jede linke Gruppe, die keine Perspektive für ihn bietet, es verdient hat, zerschlagen zu werden: „Wir wollten uns nicht einfach ohne Aufschrei aus der Gruppe zurück ziehen, sondern wir wollten der Sache ein für alle Mal ein Ende bereiten." Wer jetzt zynisch einwendet, dass man dann ja mindestens die Hälfte aller linken

Organisationen spalten müsste, hat selbstredend Recht. Das Auflösungsstatement der RJG will deshalb eine Ermutigung für andere Feminist*innen sein, „ihre Wut ernst zu nehmen" und an ihren Ansprüchen festzuhalten – auch und gerade gegenüber den unwürdigen Zuständen, die vor allem von ihren cis männlichen Genossen aufrechterhalten werden. Diesen attestieren die Autor*innen eine grundlegende Unfähigkeit zum umfassenden Kampf um Emanzipation und einen tief verinnerlichten Unwillen, etwas daran zu ändern.

> Feminismus muss in den Grundsätzen linker Organisationen verankert werden, damit wir ausgehend davon unsere Positionen schärfen und weiterentwickeln können. Es kann nicht sein[,] dass wir immer wieder feministische Grundprinzipien erkämpfen müssen und dabei FLINT Generation um FLINT Generation durchbrennt.

Die Geschichte der RJG ist im doppelten Sinne repräsentativ für den umkämpften Status des Feminismus in der Linken: Einerseits herrscht eine erschütternde männliche Dominanz vor, die sich trotz Kritik von Feminist*innen und Lippenbekenntnissen von (cis) Männern immer wieder durchsetzt. Andererseits wird immer öfter eine feministische Wut formuliert, die auch angesichts schlechter Aussichten die Konfrontation sucht und am Anspruch einer Linken mit patriarchatskritischen Standards festhält.

In diesem politischen Spannungsfeld wird das Verhältnis von Männlichkeit, Männern und Feminismus so intensiv diskutiert wie seit fast 20 Jahren nicht mehr. Konzepte wie „Profeminismus" und die Geschichte der antisexistischen Männerbewegung des 20. Jahrhunderts werden wiederentdeckt und sollen neu belebt werden. Besonders das Schlagwort „kritische Männlichkeit" versammelt neue Ansätze und Gruppen, die das Verhältnis von Männlichkeit und feministischer Kritik, (cis) Männern und feministischer Bewegung bestimmen und praktisch angehen wollen. Was eigentlich Grund zur Hoffnung geben sollte, stellt sich bei genauerem Hinsehen aber oft als bloße Fortsetzung der Katastrophe heraus.

Denn die neu entflammte Debatte und Praxis zur Kritik an Männlichkeit wird dominiert von popfeministischer

Lebensberatung, dem innerlichen Moralismus des Privilegien-checkens und dem verzweifelten Versuch, cis Männern feministische Kritik irgendwie *schmackhaft* zu machen. Vor allem das, was unter dem Label „kritische Männlichkeit" geschieht, ist nicht viel mehr als ein hoch individualisiertes Programm zur Resouveränisierung verunsicherter (cis) Männer. Feministische Kritik wird sich dafür im schlechtestmöglichen Sinne einverleibt, damit ihre Konsequenzen weiter ausgesessen und unterlaufen werden können – nur diesmal mit dem ‚korrekten' Vokabular und einer profeministischen Pseudo-Praxis.

Ich war selbst Teil genau solcher Ansätze und baute mehrere Zusammenhänge auf, die Männlichkeit kritisch reflektieren sollten – und alle scheiterten.[2] Dieses Buch ist das Ergebnis aus über sechs Jahren Frust, Enttäuschung und analytischer Wut über (die eigene) Männlichkeit, darüber, wie sie in der Linken herrscht und wie gerade der neue Profeminismus auf sie eingeht.

Dafür interessiert mich nicht, wie (Pro-)Feminismus noch weiter aufgeweicht werden kann, um bei möglichst vielen Männern – selbst unpolitischen – wenigstens irgendetwas zu erreichen. Leitend ist nicht die Frage nach dem *Immerhin*, sondern die nach dem *Noch-Nicht-Mal*: Warum *noch nicht mal* die meisten (cis) Männer mit vermeintlich antisexistischem Anspruch darum kämpfen, dass dieser ernsthaft in der Linken verankert wird, und warum *noch nicht mal* der Großteil des Profeminismus in Theorie und Praxis ein Verbündeter in diesem Kampf ist. Aus der Kritik dieses Elends der (kritischen) Männlichkeit sollen im Folgenden Bedingungen und Möglichkeiten einer organisierten Männlichkeitskritik aufscheinen, die tatsächlich antipatriarchale Solidarität gegen diesen Zustand fördern könnte.

2 Dieses Scheitern wird im Buch immer wieder Thema sein. Vgl. auch Daniel Holtermann: „Herumreflektieren reicht nicht". Gespräch mit Blu Doppe und Kim Posster über das Scheitern pro_feministischer Praxis. In: Ders. / Blu Doppe (Hrsg.): *Vom Scheitern, Zweifeln und Ändern. Kritische Reflexionen von Männlichkeiten*. Münster: Unrast 2021, S. 23–42.

Die dafür gebotene Härte gegen die Pose der Reflexion und die Rechtfertigung von männlicher Abwehr mit Emotionalität, Unsicherheit und Schwäche, läuft Gefahr, in eine männlichkeitskritische Kraftmeierei umzuschlagen. Ich habe versucht, das so weit wie möglich zu vermeiden. Ich bin mir trotzdem sicher, dass einige, vor allem cis Männer, diese Kritik an kritischer Männlichkeit nutzen werden, um sich der *Männerfrage* im Feminismus ganz zu entledigen. Ich will ihnen deshalb an dieser Stelle meine herzliche Verachtung aussprechen. Allen anderen wünsche ich all die produktive Wut, die dem Thema angemessen ist, und hoffe auf die kommende Konfrontation.

Kim Posster, Leipzig im April 2023

I
Yes, all masculinities

Was Männlichkeit ist und warum sie überwunden werden muss

> Lasst uns den Weltmännertag als Anlass nehmen, unsere ‚unmännlichen' Seiten stolz zu präsentieren und sie als männlich zu definieren. Ob lange Haare, Schminke oder Kuscheln – Männlichkeit definiert jeder Mann selbst.
> *Und wie definierst du deine Männlichkeit?*
>
> Social-Media-Post der Grünen Jugend Bayern, 03.11.2021[3]

Bei der Kritik an Männlichkeit geht es meist um Männer, die heterosexuell und cisgeschlechtlich sind. Das ist verständlich und wird auch in diesem Buch so sein, denn sie sind erfahrungsgemäß jene, die das meiste misogyne und queerfeindliche Verhalten an den Tag legen und dem patriarchalen Begriff von Männlichkeit am ehesten entsprechen. Doch was ist mit Männern, die homosexuell und / oder transgeschlechtlich sind; all den Männern, die der patriarchalen Vorstellung von Männlichkeit nicht entsprechen (wollen), oder jenen Menschen, die männliche Anteile haben und / oder sich mit diesen identifizieren, aber gar keine Männer sind? Konkreter: Wen und was meint die Kritik an Männlichkeit denn *wirklich*?

Als Antwort auf diese Fragen hat es sich sowohl in aktivistischen als auch akademischen Kreisen durchgesetzt, nicht mehr von Männlichkeit, sondern von Männlichkeit*en* zu sprechen. Dahinter steckt das Ansinnen, den gelebten Differenzen unter Männern gerecht zu werden und Männlichkeit *intersektional* auszudifferenzieren, also in Hinblick auf verschiedene andere Dominanzverhältnisse. Variationen sind aber noch lange keine Alternativen, sondern beruhen immer noch auf einer

3 Grüne Jugend Bayern: Männlichkeit neu definiert. In: *Facebook*, 03.11.2021. https://www.facebook.com/gjbayern/posts/10159735218779224 (Zugriff am 10.01.2022, Herv. K. P.).

gemeinsamen Grundlage: Sie sind Variationen von etwas. Bei aller Berücksichtigung von Differenz darf also nicht aus den Augen verloren werden, dass alle Männlichkeit*en* trotzdem in einem Verhältnis zur Männlichkeit im Singular stehen. Die Verkürzung von Männlichkeit auf männliche Identität steht diesem Gedanken eher im Weg. Denn selbstverständlich lebt ein cisgeschlechtlicher Burschenschaftler eine sehr andere Männlichkeit als ein linksradikaler trans Mann. Sie *haben* also nicht die gleiche Männlichkeit, sie sind und bleiben aber dennoch beide Männer; Männer, die auf besondere Weise mit Männlichkeit identifiziert sind und deren *individuelle* Männlichkeit am *allgemeinen* patriarchalen Begriff von Männlichkeit gebildet wurde. Der Ausgangspunkt dieses Essays ist deshalb weder Männlichkeit als vielseitige Identität noch als kulturelle Vorstellung, sondern als patriarchale Subjektivität; als ein bestimmtes Verhältnis, das die Einzelnen im Patriarchat zu sich selbst, anderen und der Welt einnehmen, welches schon immer auf Zwang, Herrschaft und geschlechtlicher Abspaltung beruht.

1. Der männliche Charakter des Menschen im kapitalistischen Patriarchat[4]

An Identität anzusetzen, ist deshalb so irreführend, weil die Einzelnen im Kapitalismus nicht einfach individuelle Menschen sind, sondern eine gesellschaftliche Form annehmen müssen, um gültige Menschen genau dieser Gesellschaftsform zu sein. Egal was die Einzelnen tun und denken, ob sie es wollen oder

4 Die folgende Darstellung ist eher holzschnittartig. Für eine ausführliche Bestimmung vgl. Julian Heß: Anmerkungen zum Verhältnis von Geschlecht und Kapital. In: Ders. / David Meier-Arendt / Christiane Schmitt / Jan Schäfer / Marcus Beisswanger (Hrsg.): *Geschlecht, Differenz und Identität.* Darmstadt: TU PRINTS 2018, S. 30–43. https://tuprints.ulb.tu-darmstadt.de/8271/1/Geschlecht%20Differenz%20Identita%CC%88t%20TU%20PRINTS.pdf (Zugriff am 23.06.2022); Karina Korecky: Unter Wiederholungszwang. Über das bürgerliche Subjekt und Geschlecht. In: *freie-radios.net,* 08.03.2011. https://www.freie-radios.net/40323 (Zugriff am 01.10.2021).

nicht, sie sind Subjekte innerhalb der kapitalistischen Produktionsweise und des Staatswesens, das diese national verwaltet. Und dieses *bürgerliche Subjekt*, diese Einheit aus Warenbesitzer und Staatsbürger, hat ein männliches Geschlecht. Das lässt sich historisch noch sehr konkret zeigen, denn bekanntlich galten die *Menschen*rechte des Bürgertums nur für Männer. In deutschen Verhältnissen z. B. war die staatsmännische Betätigung, zu der das Wählen und das Bekleiden von Ämtern zählte, bis 1918 nur ihnen vorbehalten, während Frauen in der BRD erst ab 1958 auch ohne Erlaubnis ihres Ehemanns einer Lohnarbeit nachgehen durften – bis 1977 musste diese Arbeit noch mit „ihren Pflichten in Ehe und Familie vereinbar"[5] sein. Das bürgerliche Subjekt ist aber auch nach diesen Gesetzesänderungen strukturell und idealtypisch männlich. Das Sich-Selbst-Gehören, die Durchsetzungsfähigkeit des eigenen Willens, die aktive Selbstbehauptung gegenüber anderen etc. Alles, was Selbstbestimmung und Handlungsfähigkeit unter kapitalistischen Bedingungen verspricht, gilt nach wie vor als männlich. Was dem Subjektstatus widerspricht oder ihn gar untergräbt – wie Schwäche, Abhängigkeit und Passivität –, gilt in Abgrenzung dazu als un-männlich bzw. weiblich.[6]

Es ist theoretisch vorstellbar, dass Durchsetzungsfähigkeit nicht mehr als männlich und Abhängigkeit nicht mehr als unmännlich gilt. Unvorstellbar sind jedoch kapitalistische Verhältnisse, in denen Abhängigkeit erstrebenswert und Durchsetzungsfähigkeit etwas Negatives wäre. Denn das bürgerliche Subjekt ist nicht einfach kulturelle Dominanz, sondern materielle Notwendigkeit, weil die kapitalistische Produktionsweise gewisse Sachzwänge ausübt, denen Menschen entsprechen *müssen*: Die aktive Selbstbehauptung z. B. ist eine Notwendigkeit in

5 BGB § 1356 Haushaltsführung, Erwerbstätigkeit [1. Juli 1958–1. Januar 1977]. In: *lexetius*, o. D. https://lexetius.com/BGB/1356,3 (Zugriff am 25.04.2023).

6 Andrea Trumann: Das bürgerliche Subjekt und sein Anderes. Zur Subjektivierung der Geschlechtscharaktere. In: *CEE IEH* 163 (2009). https://conne-island.de/nf/163/20.html (Zugriff am 23.06.2022).

der Konkurrenz am Markt und das Sich-Selbst-Gehören die erste Voraussetzung, um Waren zu besitzen und sie zu Markte zu tragen – was für die allermeisten Menschen bedeutet, dass sie ihre Arbeitskraft verkaufen müssen. Denn sie besitzen sich zwar, aber eben auch nichts anderes, was Reichtum vermehren könnte. Und wer sich hier nicht behaupten kann, muss um seinen (sozialen) Tod fürchten: 2019 konnte sich ca. jeder 20. Haushalt in Deutschland nur alle drei Tage oder seltener eine volle Mahlzeit leisten.[7] Die Selbstbestimmung und Handlungsfähigkeit des bürgerlichen Subjekts ist gleichzeitig fremdbestimmter Zwang, um (über-)leben zu können. Das Versprechen der universalen Menschenrechte blamiert sich seit jeher an der Wirklichkeit. Real waren sie immer nur für die, die erfolgreich als Warenbesitzer*innen und/oder Staatsbürger*innen wirken oder gelten[8] können.

Patriarchale Herrschaft ist im breitesten Sinne die Disziplinierung und Kontrolle von Körpern und ihren Arbeitsvermögen zur Absicherung von Eigentum und Macht unter der Vorherrschaft des Männlichen.[9] Im Kapitalismus ist diese Herrschaft *auch* abstrakt und versachlicht worden. Sie steckt nicht mehr nur in der konkreten Dominanz von Männern und ihren Bünden in den gesellschaftlichen Zentren der Macht, sondern schon in den allgemeinen Bedingungen, unter denen sich gesellschaftliche Subjektivität bilden muss. Denn über alle Identitäten hinweg hat die gesellschaftliche Form der Einzelnen selbst schon ein Geschlecht: das bürgerliche Subjekt als männlicher Charakter *des Menschen* im kapitalistischen Patriarchat. Deshalb beschränkt sich Männlichkeit als

7 Indikator 2.1.2 der UN-Nachhaltigkeitsziele. Prävalenz von mittlerer oder schwerer Ernährungsunsicherheit in der Bevölkerung gemäß der Erfahrungsskala für Ernährungsunsicherheit (FIES). In: *D-Statis. Statistisches Bundesamt*, 2021. https://sdg-indikatoren.de/2-1-2/ (Zugriff am 27.09.2021).

8 Ideologien der besonderen Ungleichheit, wie Rassismus, rechtfertigen deshalb immer auch den *prinzipiellen* Ausschluss von einem vollen rechtlichen und sozialen Status als Mensch.

9 Vgl. Gerda Lerner: *Die Entstehung des Patriarchats*. Frankfurt am Main / New York: Campus 1991, S. 26.

patriarchal-kapitalistische Subjektivität nicht nur auf konkrete Männer. Abseits von direkter Männerherrschaft unterliegen alle Geschlechter der Tendenz, Männlichkeit zumindest in gewissen Aspekten anzustreben und so Macht (über andere) zu erlangen. Die Angst vor dem Verlust des Subjektstatus konkretisiert sich hingegen oft als Furcht vor Verweiblichung. Phänomene wie die in queeren Kontexten diskutierte „Femmephobie"[10] beweisen, dass auch dort Weiblichkeit abgewertet und Männlichkeit als Versprechen der Subjektwerdung gilt, wo gar keine (heterosexuellen cis) Männer anzutreffen sind. Die Differenz besteht also nicht (mehr) darin, *ob* Männlichkeit die eigene Geschlechtlichkeit prägt, sondern *wie* sie es tut.

2. Männer als konformistische Rebellen der Männlichkeit

Kein Mensch hat es sich ausgesucht, ein bestimmtes Geschlecht zu sein, sondern man wird es erst in einem komplexen und widersprüchlichen Prozess von Zurichtung, Begehren, Identifikation und Abspaltung. Männer sind hier jene Menschen, die mit dem Anspruch aufwachsen und / oder leben, die Versprechen des bürgerlichen Subjekts wirklich einlösen zu können. Sie sind als Einzelne *der* Mensch im kapitalistischen Patriarchat, die allgemeine Norm, das *wirkliche* Individuum. Gleichzeitig sind in diesem Subjektstatus immer schon Brüche und Voraussetzungen enthalten, die einen steten Quell der männlichen Kränkung und Krise bilden. Das hat schwerwiegende Konsequenzen wie die Abspaltung und aggressive Externalisierung von körperlicher Bedingtheit, der Verwiesenheit auf andere usw., die vor allem bei der Analyse von sexueller Gewalt eine zentrale Rolle spielen werden.[11] Unmittelbar ist jedoch erst einmal für die gesellschaftliche Ebene festzuhalten, dass der bürgerliche Subjektstatus unter den Bedingungen des Kapitalismus schon deshalb in sich gebrochen ist, weil

10 fs: Femmephobie in queeren Räumen. In: *Siegessäule*, 10.12.2019. https://www.siegessaeule.de/magazin/4542-femmephobie-in-queeren-r%C3%A4umen/ (Zugriff am 11.11.2021).

11 Siehe Kap. IV.2 „Phallische Allmacht ...".

Selbstbestimmung, Autonomie und Handlungsfähigkeit von den Einzelnen nur erlangt werden können, wenn sie sich den Gesetzen von Staat und Kapital unterwerfen. Um diesem Widerspruch zu entkommen, identifizieren sich Männer in der Regel mit diesen Zwängen, z. B. als Self-Made-Men oder als Patrioten der völkischen oder der das Grundgesetz liebenden Sorte. Trotzdem bleibt immer auch ein Moment der trotzigen Verachtung für die bürgerlichen Verhältnisse als Einschränkung der *eigentlichen* Selbstbestimmung des Mannes.

Ein ungleich schlechter integrierbarer Bruch des Subjektstatus findet sich in seinen verleugneten Voraussetzungen: der geschlechtlichen Spaltung und Arbeitsteilung. Denn die patriarchale Rolle der Frau ist nicht nur kulturell das komplementäre *Gegenstück* zum bürgerlichen Subjekt, sondern bis heute auch materiell auf die *Gegenwelt* der kapitalistischen Allgemeinheit verwiesen. Die klassisch weibliche Sozialisation qualifiziert nicht für den bürgerlichen Subjektstatus, sondern nur für die Sorge um ihn: Im Privaten und der Familie soll die Frau sich um die Voraussetzung des kapitalistischen Patriarchats und seiner Subjekte kümmern. Denn bevor sich das bürgerliche Subjekt gesellschaftlich *verwirklichen* kann, muss es erst einmal als einsatzbereiter Warenbesitzer (wieder-)hergestellt werden, also als relativ umsorgter Mensch, der in der Lage ist, sich am Markt zu behaupten – ebenso wie es neues Menschenmaterial für den Staat, also Kinder, braucht. Obwohl diese Sorgetätigkeiten materiell *notwendig* sind, erscheinen sie als unsichtbare Selbstverständlichkeit, an der sich das System erhält.

Staat und Kapital brauchen das Private, um sich zu reproduzieren, gleichzeitig bleibt es das abgewertete und ausgelagerte *Andere* des kapitalistischen Betriebs. Die Autonomie des bürgerlichen Subjekts beruht auf diesen Voraussetzungen und wird so ein *notwendiger Schein*: Sie muss behauptet werden, um in diesen Verhältnissen selbstbestimmt zu (über-)leben, und beruht gleichzeitig auf Zwang, Unterdrückung und Auslagerung von bestimmten notwendigen Tätigkeiten und menschlichen Zügen. Dieser allgemeine Widerspruch konkretisiert sich bei Männern im männlichen *Souveränitätsphantasma*: einer Subjektivität, die so tut, *als ob* Mann wirklich komplett selbstbestimmt und unabhängig wäre. Die eigene Souveränität wird ständig von Neuem behauptet – auch und gerade, weil sie so prekär ist. Gegenüber anderen Männern treten Männer dabei in eine ständige Konkurrenz um Männlichkeit, in der sie darum kämpfen, was *wirklich* männlich ist, und sich darauf hin kontrollieren.[12] Wer dort kein souveränes Subjekt darstellen kann, wird abgewertet, angegriffen und verächtlich gemacht. Gleichzeitig erfahren alle, die als Mann gelten, dort auch Respekt und Anerkennung. Denn in diesen „ernsten Spielen"[13] der Männlichkeit, wie die Männlichkeitssoziologie sie nennt, begegnen sich Männer zwar als Konkurrenten, aber eben auch als zu achtende Subjekte. Vor dem Hintergrund des letzten Abschnitts lässt sich dieser *sportliche* Wettkampf um Männlichkeit unschwer als ein Spiegelbild des Verhältnisses der bürgerlichen Subjekte untereinander erkennen: Die Gleichheit vor dem Gesetz ist schließlich die Basis der kapitalistischen Ungleichheit. Als Staatsbürger*innen sind die bürgerlichen Subjekte zu respektierende Gleiche, als Warenbesitzer*innen sind sie Konkurrent*innen in ständigem Wettstreit.

Das *Andere* des bürgerlichen Subjekts findet hierin keinen Platz. Als Un-Männlichkeit wird es bei sich selbst und anderen Männern unterdrückt und verfolgt, als Nicht-Männlichkeit verstoßen und ferngehalten. Frauen und Queers werden von

12 Vgl. Michael Frey: Männlichkeit im Plural denken – das Konzept der hegemonialen Männlichkeit. In: *Bulletin – Texte* 41 (2014): Männlichkeiten. Kontinuität und Umbruch. https://www.gender.hu-berlin.de/de/publikationen/gender-bulletin-broschueren/bulletin-texte/texte-41/41-bulletin-endfassung-19.6.2014_gesamt (Zugriff am 22.10.2021), S. 12–29, hier S. 15.

13 Vgl. Michael Meuser: Ernste Spiele. Zur Konstruktion von Männlichkeit im Wettbewerb der Männer. In: Karl-Siegbert Rehberg (Hrsg.): *Die Natur der Gesellschaft. Verhandlungen des 33. Kongresses der Deutschen Gesellschaft für Soziologie in Kassel 2006*, Teilbd. 1 u. 2. Frankfurt am Main: Campus 2008, S. 5171–5176. https://nbn-resolving.org/urn:nbn:de:0168-ssoar-154245 (Zugriff am 16.06.2022).

(cis) Männern deshalb nicht als Subjekte anerkannt und behandelt. Ihre allgemeine Abwertung im Patriarchat wird vor allem bei Männern zu offenem Hass, weil sie als Projektionsflächen für die Bedrohung des eigenen Subjektstatus verachtet und verfolgt werden.

In letzter Zeit ist das Leiden der Männer im Patriarchat wieder in aller Munde.[14] Und wer könnte auch verneinen, dass die Zurichtung der männlichen Sozialisation, die Brutalität und Einsamkeit der Männerkonkurrenz und die ständige Gewalt, die Mann sich und anderen antut, um Mann zu sein und es zu bleiben, reale und spezifisch männliche Leiden sind. Doch deren Wahrnehmung führt in der Regel nicht zu einem antipatriarchalen Aufbegehren, das die Notwendigkeit, männlich sein zu müssen, für sich und andere überwinden will. Stattdessen verwandelt es sich in ein trotziges Streben, sich jetzt erst recht als Mann, als Subjekt zu setzen; was allzu oft darüber geschieht, dass man es anderen Männern und vor allem jenen, die für einen das Andere der Männlichkeit verkörpern, *so richtig zeigt*. Selbstmitleid über das eigene Scheitern am männlichen Souveränitätsphantasma und Chauvinismus gegen alles Un- und Nicht-Männliche fallen so immer wieder zusammen.

Was sind also Männer im kapitalistischen Patriarchat? Der anarcho-kommunistische Autor Noah Zazanis bietet die Metapher des Streikbrechers an. Jemand, der zwar auch der kapitalistischen (Re-)Produktionsweise unterworfen ist, aber trotzdem gemeinsame Sache mit ihr macht und dafür auch anderen Unterdrückten in den Rücken fällt, um sich Vorteile zu sichern.[15] Ein spannender Gedanke, der aber in zweierlei Hinsicht problematisch ist: Erstens stellt er das Verhältnis von

14 Vgl. die Debatte um toxische Männlichkeit, etwa besonders prominente Werke wie Jack Urwin: *Boys Don't Cry. Identität, Gefühl und Männlichkeit*, aus d. Engl. v. Elvira Willems. Hamburg: Nautilus 2017.

15 Vgl. Noah Zazanis: On Hating Men (And Becoming One Anyway). Transmasculinity, Feminism, and the Politics of Online. In: *The New Inquiry*, 24.12.2019. https://thenewinquiry.com/on-hating-men-and-becoming-one-anyway/ (Zugriff am 10.04.2023).

Männern und patriarchaler Herrschaft als ein zu bewusstes dar und zweitens verspricht er die Auflösung ihrer Verstrickung über einen korrekten Klassenstandpunkt: (Proletarische) Männer müssten nur den *wahren* Profiteur*innen, der Bourgeoisie, den Kampf ansagen.

Männer sind aber nicht einfach nur Profiteure und Komplizen des Patriarchats, sondern an ihm gebildete Subjekte, die sich auf spezifische Weise mit ihrer eigenen Zurichtung identifizieren. Dieses Moment der Identifikation ist nicht einfach aus der Welt, wenn Männer die Herrschaft von Staat, Kapital und Patriarchat ablehnen oder solidarisch gegen sie kämpfen wollen. Mir erscheint es deshalb sinnvoller, Männer als konformistische Rebellen zu begreifen. Denn sie befinden sich in einem ständigen Aufbegehren gegen die (verinnerlichte) Herrschaft des Patriarchats, das sie jedoch immer weiter in die Unterwerfung unter diese Herrschaft und die Identifikation mit ihr führt. Ihre Täterschaft ist deshalb nicht einfach feiger Verrat und sie lassen Frauen und Queers auch nicht einfach nur hängen, um selbst besser davon zu kommen. Sie *hassen* sie, sich selbst und andere Männer *selbstständig* und *aktiv* für das Nicht- und Un-Männliche, das sie in ihnen verkörpert sehen. Denn selbst mit besten Intentionen sind Männer im kapitalistischen Patriarchat erst mal beides: Chauvinisten *und* verbitterte Verlierer – und als solche müssen sie ernst genommen werden.

3. Queerness und Männlichkeit

Den Anspruch, wirklich ein Subjekt, ein Mann zu sein, tragen die patriarchalen Verhältnisse nur an Menschen heran, die einen Penis haben. Alle anderen sollen Frauen werden – für die Fälle, wo das Geschlechtsorgan keine Vulva ist, aber auch nicht für einen Penis *ausreicht*, sogar per chirurgischem Eingriff.[16] Brüche erhält der Anspruch auf Männlichkeit deshalb vor allem dann,

16 Vgl. Josch Hoenes / Eugen Januschke / Ulrike Klöppel: Häufigkeit normangleichender Operationen „uneindeutiger“ Genitalien im Kindesalter. Follow Up Studie. In: *BMFSFJ*, 2019. https://doi.org/10.13154/rub.113.99 (Zugriff am 26.10.2021).

wenn von Männern nie erwartet wurde, dass sie ein Mann sind, oder Männer dem patriarchalen Anspruch nicht gerecht werden – was immer dann geschieht, wenn das *Andere* des bürgerlichen Subjekts Männer als *Unmännlichkeit* bedroht.

Männer, die trans sind, werden deshalb verkannt und gehasst, weil sie nach der patriarchalen Erwartung *eigentlich* Frauen sein sollten und ihnen deshalb als Nicht-Männern kein Anspruch auf das Mannsein zusteht, während Männer, die schwul sind, für die verdichtete Projektionsfläche des Weiblichen im Mann und damit der Unmännlichkeit herhalten müssen.

Männer, die schwul und / oder trans sind, verdienen deshalb Solidarität gegen die trans- und homofeindliche Abwertung, die sie erfahren, und die brutale Gewalt, die ihnen vor allem von anderen (cis, hetero) Männern entgegenschlägt, die das *Andere* von (ihrer) Männlichkeit an ihnen verfolgen. Doch auch sie sind dabei immer noch Männer, mit allen Folgen. Die Abwertung von Weiblichkeit aus internalisierter Schwulenfeindlichkeit[17], dem besonders hohen Druck, sozial als Mann anerkannt zu werden, oder Dysphorie[18] mögen verständlicher sein als die niederen Motive der meisten hetero-cis Männer. Sie basieren aber trotzdem auf dem Wunsch nach männlicher Selbstbehauptung, der immer eine Abspaltung des Anderen des bürgerlichen Subjekts mit einschließt. Hier liegt auch einer der zentralen Unterschiede in den Positionen, die die Einzelnen in ihrem Verhältnis zur Männlichkeit einnehmen: Frauen und Queers, die dieses Andere verkörpern sollen, treten aus ihrer patriarchalen Fremdbestimmung heraus, wenn sie sich als Subjekte setzen – queer Pride und differenzfeministischer Stolz

17 Vgl. Patrick Hentze: Männlichkeit als Negation. Zur Bedeutung von Schwulsein, Selbsthass und Schwulenfeindlichkeit für die Konstitution von Männlichkeit. In: *Bulletin – Texte* 41 (2014), S. 209–226.

18 Geschlechtsdysphorie: Ein Gefühl von körperlichem oder sozialem Unwohlsein, das vor allem nicht-binäre und trans Personen empfinden können, wenn ihre Umwelt sie in einem falschen Geschlecht wahrnimmt oder wenn ihre eigenen Vorstellungen von ihrem Geschlecht nicht zu ihrem Aussehen, Verhalten oder Körper passen.

sind deshalb zwar nicht unbedingt revolutionär, enthalten aber trotzdem ein widerständiges Aufbegehren. Männlichkeit hingegen wird gerade darüber definiert, dass Mann sich trotzig *mit und gegen* Männlichkeit als Subjekt setzen will. Bei Männern, die schwul, und besonders jenen, die (auch) trans sind, fällt queere Selbstbehauptung und patriarchale Selbstbestimmung somit widersprüchlich zusammen. Ihre Allianzen mit dem Feminismus waren und sind deshalb einerseits naheliegend und bleiben anderseits widersprüchlich:

> Besonders trans Männer brauchen den Feminismus, um die Gewalt zu verstehen, die wir erfahren haben, weil wir [in den Augen des Patriarchats; K.P.] daran gescheitert sind, Frauen zu werden, während wir gleichzeitig etwas von ihm wollen, was er uns niemals geben kann: als Männer in einem m/f-Paradigma anerkannt werden, ohne dabei m>f zu reproduzieren.[19]

Noch komplexer wird dieses Verhältnis von Männlichkeit und Queerness bei nicht-binärer Transgeschlechtlichkeit. In seinem Text „Wir leben immer noch in diesem Patriarchat"[20] berichtet das Journalist*in Jeja Klein von seinem gelebten Widerspruch, einerseits nicht-binär und damit transgeschlechtlich zu sein und gleichzeitig immer wieder sozial zur Frau gemacht zu werden, weil sein Umfeld es immer wieder so liest und behandelt und es stellenweise auch diese Rolle einnimmt. Klein fordert eine feministische Kritik, die diesen Widerspruch nicht einseitig in fremdbestimmte Geschlechterrollen oder eine selbstbestimmte Geschlechtsidentität auflöst, um sprach- und handlungsfähig zu bleiben. In Bezug auf Männlichkeit und Nicht-Binarität würde das bedeuten, patriarchale Dynamiken und männliche Dominanz kritisch benennen zu können, ohne sich automatisch *zum Mann* machen zu müssen.

19 Vgl. Zazanis: On Hating Men (Übers. K.P.).

20 Jeja Klein: Wir leben immer noch in diesem Patriarchat In: *analyse & kritik* 647 (2019). https://www.akweb.de/gesellschaft/wir-leben-immer-noch-in-diesem-patriarchat/ (Zugriff am 20.09.2022).

Denn es gibt natürlich nicht-binäre Menschen, die den absoluten Großteil ihres Lebens als Mann gelesen und dementsprechend behandelt wurden und es auch immer noch werden. Relevant ist dabei aber vor allem, wie diese Erfahrungen internalisiert und wieder nach außen getragen werden – trans Frauen z. B. werden oft längere Zeit ihres Lebens für (verweiblichte / queere) Männer gehalten und als solche behandelt, sind aber als Frauen weiblich identifiziert, was eben ganz andere Effekte zeitigt als bei Männern.[21] Gerade bei nicht-binären Menschen gibt es hier riesige Unterschiede. Die meisten Nicht-Binären empfinden die Behandlung als Mann als gewaltvolle, demütigende Verkennung. Gleichzeitig kann ihnen genau das auch reale soziale Macht bringen, wie ein*e Blogger*in in Anlehnung an Klein beschreibt:

> Wenn ich als Mann wahrgenommen werde, macht mich das dysphorisch, aber in dieser Gesellschaft habe ich nichtsdestotrotz Vorteile dadurch. [...] Das Patriarchat macht mich zu einem Mann – und solange ich nichts aktiv dagegen tue, bekomme ich dadurch Raum. [...] Gleichzeitig bin ich kein Mann[.][22]

Individuelle Verkennung und politische Benennung können so in eins gehen und müssen gegeneinander abgewogen werden. Die Kritik von Männlichkeit bei Nicht-Männern ist deshalb mit Bedacht anzuwenden, aber zweifellos notwendig. Spätestens in den Fällen, wo nicht-binäre Menschen sich von jeglicher Vergeschlechtlichung frei sprechen und das allgemein Menschliche für sich beanspruchen – das, wie gezeigt wurde, ein strukturell Männliches ist – oder nur dann auf ihrer

21 Sehr anschaulich analysiert bei Daria Kinga Majewski: Töchter der Räuberin. Zu Differenz und Gemeinsamkeit von cis und trans Weiblichkeit. In: Koschka Linkerhand (Hrsg.): *Feministisch Streiten*. Berlin: Querverlag 2018, S. 62–78, hier S. 67; Julia Serano: Julia Serano on the Ramifications of 'Sissy-Shaming' for Kids of All Genders In: *Literary Hub*, 02.06.2022. https://lithub.com/julia-serano-on-the-ramifications-of-sissy-shaming-for-kids-of-all-genders/ (Zugriff am 03.05.2023).

22 Minzgespinst: Sozialisiert im Patriarchat. In: *Minzgespinst*, 21.11.2021. https://minzgespinst.net/sozialisiert-im-patriarchat/ (Zugriff am 16.06.2020).

Nicht-Männlichkeit bestehen, wenn es um Kritik an ihrem mackrigen Auftreten oder übergriffigen Verhalten geht, aber nie in den alltäglichen Situationen, in denen sie männliche Vorteile genießen oder in Männerbünde einbezogen werden, muss Männlichkeit benannt werden.

Es ist dabei müßig und in der Regel aktiv transfeindlich, bestimmen zu wollen, ob irgendjemand *eigentlich* ein Mann ist. Relevant sollte sein, wie Menschen von Männlichkeit betroffen sind, wie sie diese internalisiert haben, ob, wann und wie sie als Männer gelesen werden und ob sie dementsprechende Macht und Vorteile genießen, die sie gegenüber anderen Menschen ausspielen. Der Debatte um Schutzräume und der Frage von männlichkeitskritischer Organisation würde es guttun, nicht nur Identitätskategorien zu sortieren, sondern sich genaue Gedanken zu machen, *wofür* bzw. *wogegen* sich eine bestimmte politische Aktion oder Organisationsform richtet, um dann nach diesem Kriterium Leute anzusprechen bzw. auszuladen. Die Aufarbeitung von männerbündischen Strukturen innerhalb einer linken Organisation wird z. B. mit Recht hauptsächlich auf (heterosexuelle) cis Männer abzielen; inwiefern Nicht-Binäre und trans Männer hier eine Rolle spielen, ist eine Frage, die nicht allgemein, sondern konkret daran verhandelt werden müsste, wie sie in die männerbündische Struktur eingebunden sind.

4. Face the Players, Fight the Game

Was und wen meint also die Kritik an Männlichkeit? Die Herrschaft des kapitalistischen Patriarchats ist *auch* abstrakt, weswegen konkrete (hetero-cis) Männer und ihr Verhalten nicht schon das ganze Problem sind. Dennoch sind die Einzelnen nicht einfach nur Charaktermasken patriarchaler Funktionen, sondern mit ihnen identifizierte und an ihnen gebildete Subjekte. Deshalb stellt sich das Patriarchat auch in seiner kapitalistischen Form immer wieder als Herrschaft der Männlichkeit her, die sich nicht nur, aber vor allem bei (heterosexuellen, cis) Männern und ihren Bünden verkörpert. Dieser Essay hält deshalb fest: Es gibt keine menschengerechte Ausbeutung. Es gibt keine menschengerechte Männlichkeit. Was es gibt, ist eine historisch-materialistische Vermittlung der Körper, des Begehrens sowie der Reproduktion der Gattung. Was es gibt, ist eine jahrtausendealte Arbeitsteilung, die verschiedene Geschlechter, allen voran die *reproduktiven zwei*, unter der Herrschaft des männlichen Prinzips hierarchisch anordnet. Diese Ordnung erscheint in der Moderne in den *allgemeinen* Bestimmungen von Subjektivität sowie ihren unsichtbaren Voraussetzungen. Verhältnisse, die sich von dieser Herrschaft befreit hätten, bräuchten deshalb keine emanzipatorische Antwort auf die Männerfrage, weil sie sich ihnen gar nicht mehr stellen würde.

Bis dahin gibt es aber Menschen – vor allem (heterosexuelle, cis) Männer –, die selbst bei subjektiver Ablehnung des Patriarchats in tiefen libidinösen, sozialen und ökonomischen Bindungen zu, Identifikationen mit sowie Abhängigkeiten von Männlichkeit leben. Diese Bindungen ernst zu nehmen, heißt, dass es kein Warten auf die Revolution geben darf. Männlichkeitskritik kann die alltägliche männliche Dominanz und Gewalt und die aktive Rolle von Männern in ihnen nicht einfach ihrem revolutionären Ziel unterordnen, gerade weil sie auf die Aufhebung des Patriarchats zielt. Praktisch bedeutet das, dass die Kritik von aktuell gelebter Männlichkeit, auch und besonders innerhalb der Linken und ihrer Organisationen, nicht der Ersatz oder die männliche Version des feministischen Kampfes um Emanzipation ist, sondern *einzig und allein* die Voraussetzung dafür, ihn solidarisch gemeinsam zu kämpfen. Das wäre angesichts des aktuellen Elends links-männlicher Dominanz und profeministischer Praxis schon verdammt viel.

II
Männlichkeitskritik als Lebensberatung

Profeminismus und kapitalistische Modernisierung

> **Alle Männer haben kritische und toxische Männlichkeit in sich**
> An dieser Stelle möchte ich betonen, dass ich nicht glaube, dass es Männer gibt, die ausschließlich toxisch oder ausschließlich kritisch sind. Viel mehr haben alle Männer (manchmal) toxische Aspekte als Teil ihrer Männlichkeit und Verhaltensweisen, genau wie einen (teilweise) kritischen Umgang damit (da beziehe ich mich selbst natürlich mit ein). Kritische Männlichkeit beginnt bei einem selbst.[23]
>
> Ich bin der festen Überzeugung, dass von einer gesunden, kritischen Männlichkeit und damit weniger ungesunden, toxischen Männlichkeit alle Menschen profitieren würden. Insbesondere auch Männer![24]
>
> Janosh Krotz, Gründer und Mitbetreiber des Blogs *Kritische Männlichkeit*

Die kritische Auseinandersetzung mit Männlichkeit durch (cis) Männer entsteht in der Regel nicht durch Einsicht und Lust, sondern aus Notwendigkeit und Druck. Das bemerkte schon die autonome, antisexistische Männerbewegung der 1980er und 90er Jahre an sich selbst.[25] Historisch und auch aktuell lässt sich die Notwendigkeit für (cis) Männer, ein neues Verhältnis zu Männlichkeit einzunehmen, auf zwei Arten bestimmen: erstens – und offensichtlicher – als Reaktion auf feministische Kritik und zweitens als Anpassung an patriarchal-kapitalistische Modernisierungsprozesse. Die

23 Janosch Krotz: Was ist kritische Männlichkeit? In: *Kritische Männlichkeit*, o. D. https://kritische-maennlichkeit.de/was-ist-kritische-maennlichkeit/ (Zugriff am 03.12.2021, Herv. i. Orig.).

24 Janosch Krotz: Über das Blogprojekt Kritische Männlichkeit. In: *Kritische Männlichkeit*, o. D. https://kritische-maennlichkeit.de/ueber-kritische-maennlichkeit/ (Zugriff am 03.12.2021).

25 Vgl. N.N.: Eine kleine Männer-Geschichte. Thesen und ein paar Erfahrungen zum Thema „Autonomie – Patriarchat – Organisation". In: *Männerrundbrief* 6 (April 1995): Männer in Bewegung, hrsg. v. Männer-Medienarchiv. https://maennerrundbrief.noblogs.org/files/2021/10/MRB_06.pdf (Zugriff am 10.04.2023), S. 17–24.

Männerbewegungen der zweiten Hälfte des 20. Jahrhunderts verarbeiteten die zweite Frauenbewegung einerseits und den Strukturwandel der Nachkriegsgesellschaften anderseits: Massen- und Konsumkultur provozierte die Suche nach letzten Horten von Authentizität und Individualität, die Männer mehr denn je über ihr Geschlecht zu finden glaubten.[26] Der heutige Profeminismus als (reaktionäre) Antwort auf feministische Kritik an Männlichkeit und Täterschaft wird in den folgenden Kapiteln Thema sein. Zuerst soll es um den gesamtgesellschaftlichen Kontext dieser *Praxis* gehen. Denn um zu begreifen, warum die Antworten auf die Männerfrage im Feminismus so katastrophal ausfallen, ist es wichtig zu verstehen, wie und warum sich diese Frage heute überhaupt stellt. Denn der aktuelle Ruf nach Männern als Feministen und die ihn begleitende Debatte über *kritische* und *toxische* Männlichkeit sind zwar auch eine Einhegung von feministischer Kritik, aber mindestens genauso ein Ausdruck der widersprüchlichen Dynamik des bürgerlichen Geschlechterverhältnisses in seiner heutigen Modernisierung.

1. We should all be feminists

Die Frage, wie Männer Feministen sein können, wird seit mindestens 2017 nicht mehr nur in anarchafeministischen Zines, sondern auch in Springers *Welt*[27] und der *FAZ*[28] erörtert. Der Ton ist dabei stets ermunternd und spart nicht mit praktischen Tipps, wie Männer der Gleichberechtigung einen Dienst

26 Vgl. Till Kadritzke: Bewegte Männer. Men's liberation und Autonome Männergruppen in den USA und Deutschland, 1970–1995. In Feminismus Seminar (Hrsg.): *Feminismus in historischer Perspektive. Eine Reaktualisierung.* Bielefeld: Transcript 2014, S. 221–251, hier S. 228.

27 Rahel Zingg: „Männer müssen bereit sein, Privilegien abzugeben". So werden Männer zu Feministen. In: *Welt*, 18.02.2018. https://www.welt.de/iconist/iconista/article173487816/Maenner-und-Feminismus-So-werden-Maenner-zu-Feministen.html (Zugriff am 22.06.2022).

28 Nils Pickert: Warum Männer Feministen werden sollten. In: *FAZ*, 08.03.2020. https://www.faz.net/aktuell/gesellschaft/menschen/warum-maenner-feministen-werden-sollten-16668366.html (Zugriff am 22.06.2020).

erweisen können. „Lebensratgeber" nennt die Pop-Feministin Margarete Stokowski ihre an Männer gerichteten Interventionen, die „Tipps für ein gleichberechtigtes Leben" bieten sollen.[29] Wie kam es dazu?

Bevor die praktischen Anleitungen zum Feministen-Dasein aufkamen, musste erst etabliert werden, dass Männer sich überhaupt als solche begreifen sollen. „We should all be feminists" war der neue feministische Anspruch und Titel einer viel beachteten Rede der nigerianischen Autorin Chimamanda Ngozi Adichie von 2012.[30] Eine Aufforderung, die die britische Schauspielerin Emma Watson zwei Jahre später als Ehrendiplomatin der UN-Frauensektion noch mal bekräftigte. Diesmal mit dem Verweis, dass sich das Engagement von Männern für Gleichberichtung auch für sie lohnen würde: Schließlich litten auch sie unter Stereotypen und könnten deshalb schlechter Hilfe annehmen.[31]

Gerade dieser Versuch, (cis) Männer als Feministen zu rekrutieren, indem auf ihr spezifisches Leiden verwiesen wird, machte etwas später mit dem Begriff der toxischen Männlichkeit Karriere. Dieser hatte sich spätestens mit der #Me-Too-Kampagne 2017 etabliert. Die neu aufgeflammte Kritik an männlichem Machtmissbrauch und Rape Culture wurde hier mit dem von Watson vorgelegten Bezug auf männliches Leiden als der Basis für profeministische Solidarität verbunden. „Toxisch", ein Begriff, der seit den 1980er Jahren vor allem in der Arbeits- und Selbstpsychologie Prominenz erlangte, meint nämlich genau diesen Doppelaspekt von „schlecht für mich" und „schlecht

29 Margarete Stokowski: Wie kann ich als Mann Feminist sein? In: *Spiegel*, 16.04.2019. https://www.spiegel.de/kultur/gesellschaft/wie-koennen-maenner-feministen-sein-kolumne-a-1263070.html (Zugriff am 16.06.2022).

30 Chimamanda Ngozi Adichie: We Should All Be Feminists. In: *TED*, Dezember 2012. https://www.ted.com/talks/chimamanda_ngozi_adichie_we_should_all_be_feminists (Zugriff am 16.06.2022).

31 UN: Emma Watson at the HeForShe Campaign 2014. Official UN Video. In: *YouTube*, 23.09.2014. https://www.youtube.com/watch?v=gkjW9PZBRfk (Zugriff am 16.06.2022).

für andere".[32] Das zeigte offensichtlich Wirkung. Denn auch immer mehr Männer fingen an, den Begriff selbst aktiv zu vertreten. Breit gefeierte Bücher wie *Boys Don't Cry* von Jack Urwin popularisierten das Konzept weiter und befestigten das neue Fundament, auf dem das Projekt ‚Feminismus als Männersache' heute gebaut wird.

2. Männlichkeit, neu definiert

Dass gerade der Begriff der toxischen Männlichkeit ein Leitkonzept des neuen (Pro-)Feminismus werden konnte, ist bemerkenswert, stammt er doch ursprünglich aus der mythopoetischen Männerbewegung der 1980er Jahre. Die Mythopoeten, eine Variante des Maskulinismus, die teilweise noch immer existiert, wollten eine ausgeglichene, in sich ruhende Männlichkeit freilegen, die sie *deep masculinity* nannten. Von Männern ausgehende Gewalt und Misogynie verstanden sie dabei als verzweifelten Hilferuf von Männern, die von ihrer Männlichkeit entfremdet worden waren. Der Name der Mythopoeten für diese entfremdete Männlichkeit: „Toxic Masculinity".[33] Heutige (Pro-)Feminist*innen kennen diese (Begriffs-) Geschichte wahrscheinlich nicht und sie wollen ja auch auf anderes hinaus. Wer heute Männer von toxischer Männlichkeit heilen will, verschreibt in der Regel Privilegienchecks und einen angequeerten Lifestyle, nicht esoterische Innerlichkeit und männerbündische Verbrüderungsrituale. Trotzdem hat sich an der grundsätzlichen Argumentation nicht viel geändert: Männlichkeit ist *eigentlich* etwas Gutes oder könnte zumindest etwas Gutes sein, wenn man nur die schlechte Männlichkeit, die *die Gesellschaft* den Männern aufzwinge, durch eine bessere ersetzte.

32 Nicole Specter: Oxford Dictionary's Word of 2018 Says a Lot About How We Feel as a Planet. In: *NBC News*, 09.11.2018. https://www.nbcnews.com/better/pop-culture/oxford-dictionary-s-word-2018-says-lot-about-how-we-ncna937896 (Zugriff am 03.12.2021).

33 Tracy E. Gilchrist: What Is Toxic Masculinity? In: *Advocate*, 11.12.2017. https://www.advocate.com/women/2017/12/11/what-toxic-masculinity (Zugriff am 23.06.2022).

Aktuelle linke Publikationen zu Männlichkeit sind voll von diesem Versuch, „Männlichkeit von Grund auf neu zu denken“[34], wie es bei dem britischen Autor JJ Bola heißt. Das 2021 gegründete profeministische Magazin *Boykott* fragt stellvertretend für aktivistischere Kreise: „Wenn wir neu definieren, was Männlichkeit bedeutet, [...] könnte das nicht zu einem besseren Leben für alle führen?”[35] Bezeichnenderweise reicht es dabei offensichtlich nicht, Männlichkeit da zu verändern, wo sie schlecht ist, sondern sie muss zusätzlich auch noch dort verallgemeinert werden, wo sie gut ist. Beim *Boykott*-Magazin hört sich das dann so an: „Es ist zum Beispiel toll, mutig und souverän zu sein.“[36] Das Problem sei lediglich, dass „nicht alle Vorlieben, Verhaltensweisen und Eigenschaften allen Geschlechtern offen“ stünden.[37]

Vielleicht gibt es also gar nicht zu viel Männlichkeit, sondern sogar zu wenig? Auf solche Gedanken kann nur kommen, wer Männlichkeit als ein Gender unter vielen begreift, das vor allem als Konglomerat von bestimmten Verhaltensweisen, kulturellen Symbolen und Eigenschaften existiere. Dagegen hielt die feministische Theoretikerin Christina Thürmer-Rohr schon 1986 fest, dass die Frage nach den *guten* Elementen eines sozialen Geschlechts immer schon falsch gestellt ist, weil sie von den Voraussetzungen und Notwendigkeiten absieht, in denen die Eigenschaften entstanden sind und gelebt werden: „Einfach nur schön sind alle diese Eigenschaften nur als Abstrakta.“[38]

34 Celia Parbey: Autor JJ Bola: Warum Männlichkeit für Jungs ein Albtraum ist. In: *Die Zeit*, 06.09.2020. https://www.zeit.de/zett/politik/2020-09/autor-jj-bola-warum-maennlichkeit-fuer-jungs-ein-albtraum-ist (Zugriff am 09.05.2021).

35 Ulla Wittenzellner: Männlichkeit(en). Eine Annäherung. In: *Boykott Magazin* 1 (2021), S. 10–17, hier S. 15. https://www.boykott-magazin.de/artikel/maennlichkeiten-eine-annaeherung/ (Zugriff am 27.06.2022).

36 Ebd., S. 14.

37 Ebd.

38 Christina Thürmer-Rohr: Feminisierung der Gesellschaft. In: Dies.: *Vagabundinnen. Feministische Essays.* Berlin: Orlanda-Frauenverlag 1987, S. 106–121, hier S. 118.

Das heißt, es ist schlicht Unsinn, darüber zu philosophieren, ob *männliche* Durchsetzungsfähigkeit oder *weibliche* Sorgsamkeit *an sich* gute oder schlechte Eigenschaften sind. Denn beides sind menschliche Züge, die sich erst in einer patriarchalen Arbeitsteilung gebildet haben und deshalb auch immer aufeinander bezogen sind: Männer, die vor allem als Konkurrenzsubjekte auf dem Markt Durchsetzungsfähigkeit entwickeln wollen und müssen, brauchen Frauen in der Rolle von umsorgenden Partnerinnen und Müttern, um sich an ihnen zu reproduzieren. Im Gegensatz zu heutigen Ansätzen wusste Thürmer-Rohr auch, dass das auch in der Kritischen Männlichkeitsforschung beliebte Vorhaben, „in einem kritischen Geschlechterdialog die jeweils positiven wie negativen männlichen und weiblichen Rollenbestandteile [zu sichten] und neu [zu kombinieren]“[39], ebenfalls im Sinne der männlichen Vorherrschaft sein kann. Männlichkeit (und Weiblichkeit) waren für sie nur „historische Geschlechtskrankheiten“, Symptome eines Herrschaftsverhältnisses, doch

> Männer versuchen [...] den Einblick in ihre eigene Tätergeschichte, diese lange Arbeit zu überspringen, indem sie sich mit dem – von ihnen selbst ausgegrenzten – ‚Andersartigen‘ zu ergänzen trachten, bzw. sich aus diesem Andersartigen diejenigen Partikel raussuchen wollen, die ihnen günstig und angenehm erscheinen, um ihre gefährlichen Defekte zu übertünchen.[40]

39 Peter Döge: Geschlechterdemokratie als Männlichkeitskritik. Männerforschung, Männerpolitik und der „neue Mann“. In: *Aus Politik und Zeitgeschichte* B 31–32 (2000). https://www.bpb.de/shop/zeitschriften/apuz/25500/geschlechterdemokratie-als-maennlichkeitskritik/ (Zugriff am 29.12.2021).

40 Thürmer-Rohr: Feminisierung der Gesellschaft, S. 120.

3. (Pro-)Feminismus für ein gesundes Patriarchat

Heutige Diskussionen um Männlichkeit erscheinen damit als ahistorischer und unmaterialistischer Versuch, die ‚Geschlechtskrankheit Männlichkeit' durch Vermischung und Depotenzierung in einen verträglichen Zustand zu versetzen. Nicht umsonst ist das assoziative Gegenbild zum Toxischen das Gesunde und Ausgeglichene, das nur über einen Prozess der Heilung oder Therapie freigelegt werden müsste. So kann es nicht überraschen, dass sich toxische Männlichkeit in den letzten Jahren fest als ein gesundheitspolitisches Konzept etabliert hat, das z. B. von psychotherapeutischen Fachgesellschaften und sogar von Sektionen der WHO genutzt wird, um sogenannte Risikofaktoren des männlichen Habitus einzuhegen.[41] Was als Skandalisierung männlicher Gewalt begann, weicht so immer mehr der allgemeinen Sorge um das (Seelen-)Heil des Mannes. Hierzulande wird der Begriff z. B. von Geschlechterforschern wie Thomas Gesterkamp gebraucht, um für „eine unabhängige Männerpolitik jenseits von Feminismus und Antifeminismus"[42] zu werben. Diese Verschmelzung von feministischer Kritik mit der gesundheitspolitischen Förderung von Männern wird jedoch durchaus auch von Feministinnen selbst vorangetrieben: Margarete Stokowskis „Lebensratgeber" zur Frage „Wie kann ich als Mann Feminist sein?" hat nämlich einen Nachsatz. Er bietet „Tipps für ein gleichberechtigtes Leben – und

41 Vgl. Katharina Alexander: Mit diesen acht Tipps kannst du toxische Männlichkeit überwinden. In: *Die Zeit*, 11.01.2019. https://www.zeit.de/zett/politik/2019-01/rollenbilder-sprengen-so-koennen-wir-toxische-maennlichkeit-ueberwinden (Zugriff am 16.06.2022); 1 in 5 Men Will Not Reach the Age of 50 in the Americas, Due to Issues Relating to Toxic Masculinity. In: *Pan American Health Organization*, 18.11.2019. https://www3.paho.org/hq/index.php?option=com_content&view=article&id=15599:1-in-5-men-will-not-reach-the-age-of-50-in-the-americas-due-to-issues-relating-to-toxic-masculinity&Itemid=0&lang=en#gsc.tab=0 (Zugriff am 10.12.2021).

42 Thomas Gesterkamp: Männerpolitik und (Anti-)Feminismus. In: *Aus Politik und Zeitgeschichte*, 17/2018. https://www.bpb.de/shop/zeitschriften/apuz/267944/maennerpolitik-und-anti-feminismus/ (Zugriff am 10.12.2021).

für ein gesünderes."[43] Subjektiv geht es Stokowski hier wahrscheinlich – wie schon Adichie, Watson und anderen – darum, Männern Feminismus *schmackhaft* zu machen. Objektiv aber erliegt hier Männlichkeitskritik der List der kapitalistischen Vernunft. Denn auch Staat und Kapital haben mittlerweile ein Interesse daran entwickelt, die Reibungsverluste und Kollateralschäden patriarchaler Herrschaft zu reduzieren. Zu exzessives Mackerverhalten stört schließlich die *flachen Hierarchien* und *familiäre Wohlfühlatmosphäre* der Betriebe, während Männer, die nie zum Arzt gehen und sich totsaufen, einer ressourcenschonenden Menschenverwertung im Weg stehen. Selbsternannte Feministen, die zur Frage forschen „Was kostet eigentlich toxisch männliches Verhalten?"[44] und den Skandal an männlicher Gewalt im Preis für den deutschen Fiskus entdecken – „49,7 Milliarden Euro pro Jahr – so viel wie das BIP von Serbien"[45] –, sind hier nur die Spitze des Eisbergs.

Die Debatten um toxische Männlichkeit und Männer als Feministen müssen eben auch als Begleitmusik einer Modernisierungsbewegung des kapitalistischen Patriarchats verstanden werden, in der feministische Kritik aufgegriffen und funktional eingebunden wird. Die stets krisenhafte Männlichkeit soll dabei mit einer Prise Feminismus in Schuss gehalten und vor sich selbst gerettet werden. Der hierbei verwendete Männlichkeitsbegriff und seine oberflächliche Aufspaltung in *gute* und *schlechte* Anteile eignet sich perfekt für ein Nachjustieren, welches wie durch Zauberhand auch genau dort geschieht, wo es die Verhältnisse sowieso notwendig gemacht haben. Was die nicht-toxische Männlichkeit ausmachen soll, deckt sich nämlich nicht zufällig mit den Anforderungen, die an das

43 Stokowski: Wie kann ich als Mann Feminist sein?

44 Johanna Hintermeier: Dieser Zahlenfeminist rechnet vor, warum deutsche Männer um Milliarden teurer sind als Frauen. In: *BR*, 17.05.2022. https://www.br.de/radio/bayern2/sendungen/zuendfunk/was-maenner-kosten-boris-von-heesen-buch-patriarchat-kritik-100.html (Zugriff am 20.09.2022).

45 Ebd.

bürgerliche Subjekt heute in den Industrienationen gestellt werden: Teamfähig muss es sein, kommunikativ, selbstsorgend und asketisch-gesundheitsbewusst im eigenen Hedonismus. Diese unheilige Allianz von feministischer Kritik, Gesundheitspolitik und spätkapitalistischer Zurichtung der Subjekte bringt Planned Parenthood (das US-Äquivalent von Pro Familia) unfreiwillig auf den Punkt, wenn sie verlautbart: „Gender-Stereotype zu hinterfragen, erlaubt uns allen, unser bestes Selbst zu sein."[46] Sein bestes Selbst zu sein, muss aber niemandem erst erlaubt werden, sondern das ist Zwang im Spätkapitalismus – und zwar genau derselbe Zwang, der auch das bürgerliche Geschlechterverhältnis heute vermittelt.

4. Von Geschlechterrollen zur reflexiven Geschlechtsidentität

Seit den 1970er Jahren zeichnen sich Veränderungen ab, die es besonders für Frauen, aber eben auch für Männer und andere Geschlechter nötig machen, eine reflexive Geschlechtsidentität zu entwickeln, d. h. die Einzelnen dürfen sich immer weniger dem fügen, was sie als Geschlecht *müssen*, sondern sollen immer mehr nur noch das machen, was sie selbst geschlechtlich *wollen*. Dieser Wandel lässt sich auch auf Veränderungen in der geschlechtlichen Arbeitsteilung zurückführen, denn diese hat sich enorm flexibilisiert. Die getrennten Sphären von Privatem und Öffentlichem, Lohnarbeit und Familie haben sich dabei ineinander verschoben, was in den normativen Begriffen des Patriarchats als Feminisierung der Arbeit (Soft Skills, Hingabe, Identifikation) und Maskulinisierung der Lebensführung (Rationalisierung von Emotionen, Sex und Beziehungen als Projekte der eigenen Bedürfnisökonomie) beschrieben wurde.[47] Statt der klaren Rollenaufteilung von Arbeit und Familie,

46 What Are Gender Roles and Stereotypes? In: *Planed Parenthood*, o. D. https://www.plannedparenthood.org/learn/gender-identity/sex-gender-identity/what-are-gender-roles-and-stereotypes (Zugriff am 12.12.2021; Übers. K.P.).

47 Vgl. Bini Adamczak: *Beziehungsweise Revolution. 1917, 1968 und kommende.* Berlin: Suhrkamp 2018, S. 210–213.

materiell versorgendem Mann und emotional-körperlich sorgender Frau, herrscht nun ein allgemeiner Imperativ der individuellen Selbstsorge. Hier sind alle Geschlechter dazu aufgerufen, sich selbst in den verschiedenen gesellschaftlichen Sphären nach eigenem Abwägen zu *verwirklichen*.

Diese „praktische Bewegungsfreiheit der Individuen zwischen den Feldern"[48] ist jedoch keine Vorstufe, sondern das Gegenteil einer „kollektiven Transformation dieser Arbeitsteilung."[49] Denn die patriarchal-kapitalistische Aufspaltung in Öffentliches und Privates bleibt erhalten, auch wenn sich die (innere) Flexibilität der Einzelnen in ihr vergrößert hat. Kritik, die rein auf der Ebene der *Verteilungsgerechtigkeit* bleibt, also lediglich beklagt, dass nicht allen alles offenstehe, was diese Verhältnisse an vergeschlechtlichter Arbeit und Subjektivität produzieren, greift deshalb zu kurz. Denn dieser Wandel erlaubt zwar tatsächlich relativ neue Phänomene wie Top Girls oder Hausmänner, doch diese bleiben die Ausnahme. Wenn Frauen dem Schicksal der Sorgearbeiterin entkommen, geschieht dies meistens nur, weil (migrantische) prekarisierte Frauen ihnen wiederum als Care-Dienstleisterinnen den Rücken freihalten. Alle Geschlechter werden zwar nun auch als Arbeitskräfte einbezogen, doch die hierarchische Arbeitsteilung zwischen ihnen reproduziert sich vor allem in der Familie nahezu unverändert. Weil dies aber nun vorgeblich selbst gewählt geschieht und als individuelle, nicht kollektive Differenz erscheint, wird die real gebliebene Ungleichheit verschleiert. Das Ergebnis: Empirische Forschungen zeigen, dass sich (links-) liberale Hetero-Pärchen, die viel Wert auf Gleichberechtigung legen, die Arbeit stellenweise sogar noch ungerechter aufteilen als konservative Paare mit klaren Rollenvorstellungen.[50]

48 Bini Adamczak: Das Ende der Herrschaften; was wäre wenn. In: *Initiative Offene Gesellschaft*, o.D. https://offenegesellschaft.org/das-ende-der-herrschaften/ (Zugriff am 23.06.2022).

49 Ebd.

50 Vgl. Sarah Speck: Verspannte Frauen, Coole Männer. Gleichheitsvorstellungen und Arbeitsteilung in heterosexuellen Paarbeziehungen. In:

Es ist deshalb eine Illusion, das kapitalistische Patriarchat über den Modus *reflexiver Geschlechtsidentität* zu überwinden, denn dieses produziert heute stetig beides: die beharrliche Ungleichheit der Geschlechter genauso wie die ständige Forderung ihrer flexibilisierten Angleichung. Die geschlechtliche Selbstverwirklichung der Einzelnen verläuft darin widersprüchlich: Nur mit Geschlecht sind sie überhaupt Individuen, aber Geschlecht als gesellschaftliche Kategorie wird ihrer Individualität dabei doch nie gerecht. Das aktuelle bürgerliche Subjekt ist daher auch geschlechtlich ständig auf der Suche nach sich selbst, was eine immer weiter führende Individualisierung und Pluralisierung von Geschlecht in Gang gesetzt hat. Das lässt zwar mehr Platz für diversere Geschlechtsidentitäten, dramatisiert aber gleichzeitig den Hass auf geschlechtliche Differenz.[51] Denn gleichgeblieben sind die Zwänge und Notwendigkeiten des kapitalistischen Patriarchats, an denen sich die Subjekte bilden bzw. von denen sie weiterhin hierarchisch zugerichtet werden.

5. Ich und meine Männlichkeit

Die historischen und aktuellen Ansätze profeministischer Praxis haben stets aufs Neue bewiesen, dass (cis) Männer von der Frage angetrieben sind, wie sie noch Männer sein können, obwohl es feministische Kritik gibt, statt sich zu fragen, wie sie an feministischer Kritik und Bewegung teilhaben und diese unterstützen können, obwohl sie Männer sind. Der heutige Profeminismus ist kein Ausweg aus dieser identitären

Phase 2 49 (2014). https://www.phase-zwei.org/hefte/artikel/verspannte-frauen-coole-maenner-609 (Zugriff am 16.06.2022).

51 Im Queerfeminismus wird dies zwar stellenweise unkritisch mit dem verdinglichten Begriff der „Vielfalt“ gefeiert, aber damit soll nicht gesagt sein, dass nur queere Geschlechtsidentitäten der Ausdruck dieses Prozesses sind. Eine solche identitäre Fixierung des Geschlechterverhältnisses wäre nur die andere Seite des ebenso falschen Arguments, hetero cis Männer und Frauen wären identisch der Ausdruck der Heteronormativität. Das sollte deshalb auch nicht suggeriert werden, wie etwa bei Koschka Linkerhand: Das politische Subjekt Frau. In: Dies. (Hrsg.): *Feministisch Streiten*, S. 33–36.

Vereinnahmung, weil er den Willen zur Männlichkeit nicht nur von feministischer Kritik verschont, sondern diese sogar als seinen Ausgangspunkt einspannt: Männer sollen andere und bessere Männer sein, diesmal nicht trotz, sondern gerade wegen des Feminismus.[52] Dass konkrete Männer sich und ihr Verhalten verändern müssen, ist aber kein eigenständiges politisches Programm, sondern eine schlichte Notwendigkeit im Angesicht von feministischer Kritik. Die Frage, ob das, was daraus entsteht, noch Männlichkeit genannt werden kann, ist einfach nicht von Interesse – außer als kritische Überprüfung; als reflektierende Frage danach, ob und wie die Subjekte in männliche Vorherrschaft und ihre gesellschaftliche Grundlage – das kapitalistische Patriarchat – integriert bleiben, mit ihr identifiziert sind und diese mit aufrechterhalten.

Genau dieser gesellschaftliche Integrationsprozess ist die materielle Basis des aktuellen Profeminismus und seines oberflächlichen Begriffs von Männlichkeit. Er bewegt sich innerhalb dieser widersprüchlichen Modernisierungsbewegung, aber reflektiert sie nicht: Männlichkeit wird so nicht in ihrer heutigen Form kritisch erfasst und kollektiv angegriffen, sondern nur individuell feministisch *bearbeitet*. Die (radikale) Linke hat diese Modernisierungsbewegung nicht nur nahezu vollständig mitvollzogen, sondern fungiert stellenweise sogar als ihre Avantgarde: Schließlich war sie es, die mit dem Begriff der Kritischen Männlichkeit der nicht-toxischen Männlichkeit ein eigenes Konzept gewidmet hat und meint, in Kurzzeitpädagogik und Selbsterfahrungsrunden eine passende Form männlichkeitskritischer Praxis gefunden zu haben. Schon die Sprache verrät dabei die historische Zunahme an identitärer Verdinglichung: Kritische Männlichkeitsforschung, die während der profeministischen Männerbewegung entstand, bezeichnete noch die kritische Forschung zu Männlichkeit. „Workshops

52 Vgl. Urwin: *Boys Don't Cry*, S. 225.

zu kritischen Männlichkeiten“[53] zeigen hingegen an, dass die Männlichkeit selbst mittlerweile so kritisch geworden sein soll, dass eine offensichtlich nicht mehr ausreicht.
Verwunderlich ist das nicht, wenn man bedenkt, dass sich die bewegte Linke heute vor allem aus den *weißen* linksliberalen / mittelständischen Milieus rekrutiert, für die die oberflächliche Entgiftung von Männlichkeit für das eigene Vorankommen im Leben am relevantesten ist. Denn gerade das, was sich um den Begriff der *kritischen Männlichkeit* versammelt, verbleibt oft ein Projekt mittelständischer *weißer* Jungmänner, die zunehmend merken, dass sie an und mit ihrer Männlichkeit scheitern und Bedarf zur Nachjustierung sehen.[54] Die Inhalte und Formen, die sie dafür wählen, entsprechen dabei dem Modus der reflexiven Geschlechtsidentität, der Feminismus als Lebensberatung integriert hat. Subjektiv mögen sie manchmal sogar gute Intentionen haben, die Erfahrung aber zeigt, dass jene Männer diese Praxis so lange betreiben, bis sie aus ihr ziehen konnten, was sie wollten bzw. brauchten (bessere Kommunikationsfähigkeit, ein gewisser Zugang zu Gefühlen, die Bearbeitung *ihres* Leidens an Männlichkeit), und sie danach schnell wieder sein lassen. Man mag das läppisch, aber wenigstens harmlos finden. Doch wenn (linke) (cis) Männer feministische Kritik so aufgreifen, wird sie nicht nur zweckentfremdet, sondern auch aktiv gegen sich selbst gerichtet. Profeminismus wird so viel mehr als nur ein bürgerlich-männliches Modernisierungsprogramm: nämlich die Abwehr, Abwiegelung und Vermeidung von Männlichkeitskritik mit anderen Mitteln.

53 Blu Doppe: Workshops In: *queer_topia**, o. D. https://www.queertopia.de/workshops/ (Zugriff am 30.04.2023).

54 Das hypermaskuline Aufplustern, zu dem gerade rassifizierte und / oder prekarisierte Männer manchmal greifen, um die Demütigung durch ihre Marginalisierung *auszugleichen*, ist demgegenüber verständlicher, aber nicht weniger abzulehnen. Vgl. Bafta Sarbo: Männlichkeit und Konkurrenz. Pumpen, Boxen, Weinen. In: *Lower Class Magazine*, 03.03.2021. https://lowerclassmag.com/2021/03/03/maennlichkeit-und-konkurrenz-pumpen-boxen-weinen/ (Zugriff am 20.05.2022).

III
Von Privilegiencheckern und kritischen Man-Babies

Profeministische Antworten als Abwehr männlichkeitskritischer Fragen

> Heute Abend ist irgendwie das passiert, was wir ja eigentlich genau verhindern wollen: Wieder ein Podium und es sind nur Männer auf der Bühne, die reden.
>
> Erste Worte einer Antipatriarchalen Männergruppe auf einem Podium zum Thema „Männlichkeit und sexuelle Gewalt. Problemstellungen profeministischer Praxis“[55]

Die kritische Auseinandersetzung mit Männlichkeit durch (cis) Männer neigt dazu, den Stachel feministischer Kritik in einen neuen Panzer der (eigenen) Männlichkeit zu verwandeln. Schon in den 1980er Jahren klagten Feminist*innen über dieses Elend des feministischen (damals ausschließlich cis) Mannes. Denn ihrer Beobachtung nach ging es ihm hauptsächlich um sein Selbstbild und damit vor allem um eigene Bedürfnisse nach Bestätigung und Anerkennung. Die vor sich her getragene Identität des kritischen Mannes diente schon damals einerseits der Abwehr feministischer Kritik – Mann ist ja einer von den Guten – und wurde andererseits Teil eines neuen Mann-Männlichen Abgrenzungsprozesses, in dem vor allem Frauen wieder nur als Objekte vorkamen – diesmal eben des eigenen antisexistischen Engagements.[56]

Natürlich darf die Kritik von Geschlecht gerade für (cis) Männer nicht vor der eigenen Vergeschlechtlichung und damit der Auseinandersetzung mit dem eigenen Körper, Haltung, Emotionen

55 Erste Veranstaltung der Reihe „Smash Sexism“ der Gruppe Always Ultras am 28.11.2019 in Hannover. Plakat der Reihe siehe https://www.facebook.com/pushfeminism/photos/gm.717394358779293/530253497539584 (Zugriff am 25.04.2023).

56 Kadritzke: Bewegte Männer, S. 235.

usw. halt machen, und nicht jeder individuelle Ausbruchsversuch aus Männlichkeit ist automatisch ein Ablenkungsmanöver. Trotzdem zeigt die Erfahrung, dass die (cis) männliche Auseinandersetzung mit Männlichkeit oft bei Oberflächlichkeiten stehen bleibt, die einen feministischen Bruch mit patriarchalen Einstellungen und Verhalten *signalisieren* sollen, aber letztlich nur ihrer Abwehr und damit den Männern selbst dienen. Die zutiefst individualistische und punktuelle Praxis der *Kritischen Männlichkeit* leistet dieser Tendenz weiteren Vorschub und richtet so auch aktiv Schaden an: Wenn die vereinzelten Workshops von (cis) Männern als kleine Rhetorik- und Benimmschule genutzt werden können, wird feministische Kritik weder internalisiert noch organisiert. Stattdessen wird nur ein souveräner, weil pseudo-reflektierter Umgang mit ihr einstudiert. Profeminismus wird zur Ideologie, wenn er diese Verschiebung und Untergrabung nicht aufklärt, sondern mitbetreibt; also dort, wo er feministische Kritik so aufgreift, dass Mann ihren Konsequenzen entkommen kann.

1. Im Zweifel für den Zweifel?

Bei dem zeitgenössischen Profeministen Andreas Hechler lässt sich das ideologische *Kippen* der meisten profeministischen Argumentationen gut beobachten: Sie fangen bei richtigen Beschreibungen der Probleme und Widersprüche von (cis) Männern in ihrem Verhältnis zum Feminismus an, nur um dann im schlechtesten Sinne verständnisvoll auf sie einzugehen. Hechler ist zudem ein gutes Beispiel dafür, wie ein oberflächlicher Begriff von Männlichkeit nicht nur für gesamtgesellschaftlichen Reformismus, sondern auch für die Abwehr von feministischer Kritik praktisch wird. In seinem recht bekannten Text „Den Zweifel nähren“[57] berichtet Hechler von einer Art profeministischem Selbsthass, der ihn und andere cis Männer hilflos

57 Andreas Hechler: Den Zweifel nähren. Meine kritische Auseinandersetzung mit Männlichkeit. In: *Ficko Magazin*, 12.02.2019. https://ficko-magazin.de/den-zweifel-naehren/ (Zugriff am 09.06.2021).

und unglücklich mache, wenn sie Männlichkeit radikal ablehnen würden. Eigene Bedürfnisse würden so schnell verleugnet, wenn sie als typisch männlich wahrgenommen würden, und es stelle sich eine eingeschüchterte Passivität ein, die sich nur an Frauen bzw. Feminist*innen orientiere und so alle Verantwortung abgäbe.[58] Hechler schlägt deshalb vor, Männern zu sagen, dass es auch gute Elemente an Männlichkeit gebe, und die Option, sich diese „ressourcenorientiert anzueignen".[59]
Seine Beobachtung ist dabei korrekt: Verunsicherte Passivität und der schuldbewusste Wunsch, (hinter feministischen Positionen) verschwinden zu können, zeigen die meisten (cis) Männer, die sich ernsthafter mit feministischer Kritik auseinandersetzen. Doch das ist nicht die Folge einer zu negativen, sondern einer diffus-oberflächlichen Kritik an Männlichkeit, die Individuelles maßlos überfrachtet und ihr Urteil eben nicht am Maßstab patriarchaler Herrschaft bildet. Die Beispiele des Textes zeugen von cis Männern, die ein Unbehagen spüren, wenn sie männlichen Klischees entsprechen („Ballerspiele, Gangsta-Rap, Missionarsstellung, schnelle Autos etc."[60]). Ihr Problem scheint aber lediglich zu sein, dass sie so auf ihre *irgendwie* negativ behaftete männliche Identität zurückgeworfen werden; eine Vermittlung mit geschlechtlicher Herrschaft – z. B. dem Lautsein, mit dominantem Redeverhalten oder den eigenen sexuellen Vorlieben, mit Rape Culture – findet nicht statt. Hechlers mitfühlendes Verständnis für männliche (Selbst-)Überfrachtung verdeckt die darin enthaltene Entlastungsfunktion.
Hechler stellt selbst die Frage „Warum suche ich mir welche Art von Theorie / Theoretisierung?"[61] Er wendet sie aber weder auf sich selbst noch auf andere Männer konsequent an. Denn was sie machen, ist die Kritik an Männlichkeit in ein identitäres Kreisen um sich selbst zu verwandeln, das die eigene Verstrickung

58 Ebd.
59 Ebd.
60 Ebd.
61 Ebd.

in Herrschaft nicht mehr theoretisch begreift und praktisch angeht, sondern ihr ausweicht. Das entspricht einer Verfallsform der Reflexion, die sich unter dem Schlagwort des *Privilegiencheckens* vor allem in links-liberalen Kreisen verbreitet hat: Was dem eigenen Anspruch nach ein besseres Verständnis der eigenen Rolle und solidarische Handlungsmöglichkeiten in Herrschaftsverhältnissen vermitteln soll, endet allzu oft in einem innerlichen Moralismus. Dabei schlägt eine oft abstrakte Feststellung der eigenen Privilegiertheit regelmäßig in das Bedürfnis um, sich stets schuldbewusst und möglichst konkret ‚korrekt' verhalten zu können. Der Fokus verschiebt sich dabei nicht zufällig wieder auf die Privilegierten, ihre Identitätsfragen und ihren ‚Prozess'.[62]

Männlichkeitskritik ist für (cis) Männer nicht ohne Momente der Erschütterung und des Erschreckens vor sich selbst zu haben. Diese zunächst verständliche Verunsicherung verwandeln die meisten (cis) Männer aber gern in einen Dauerzustand der Verzagtheit, den sie pseudo-feministisch rationalisieren: ‚Im Zweifel für den Zweifel', ein schönes Motto gegen überbordende männliche Selbstgewissheit und ihre Behauptung von Tatkraft, verwandelt sich so in ein Sich-Einrichten in vager Positionslosigkeit und Passivität. (Cis) Männer werden so nicht zu kritikfähigen Gegenübern, mit denen Feminist*innen eine solidarische Praxis machen könnten, sondern mit sich selbst beschäftigte *Privilegienchecker*, die nach Anerkennung und / oder Rückversicherung verlangen.

Die heutigen profeministischen Gruppen sind oft nicht mehr als die kollektiv organisierte Form dieses männlichen Waberns um sich selbst. Ich habe selbst über zwei Jahre damit verbracht, mit anderen Männern (anfangs nur cis, später auch trans) in ‚Männlichkeit an sich' herumzustochern, um daraus eine eigene Position und Praxis zu entwickeln. Wie viele andere

62 Melanie Bee: Das Problem mit „Critical Whiteness". In: *Migrazine*, 2/2013. https://www.migrazine.at/artikel/das-problem-mit-critical-whiteness (Zugriff am 27.09.2021).

Kritische-Männlichkeits-Gruppen hatten wir dabei weder konkrete Ziele noch Maßstäbe, an denen wir unsere Mitglieder und Praxis hätten messen können: Eingeladen waren alle Männer, die sich *irgendwie* kritisch mit Männlichkeit auseinandersetzen wollten, was wir dann auch *irgendwie* gemacht haben. In diesen Fällen erfüllen solche Gruppen für (cis) Männer die Funktion von Ersatzhandlungen und Vermeidungsstrategien: Wer immer sucht, muss nie irgendwo ankommen und daraus Konsequenzen ziehen. Das vage schlechte Gewissen hilft dabei, sich moralisch *angemessen schlecht* zu fühlen, ohne jemals explizit Verantwortung und Schuld im Angesicht (eigener) männlicher Gewalt und patriarchaler Herrschaft organisiert angehen zu müssen.

2. Allyship als passiver Paternalismus

Ein scheinbarer Ausweg aus dieser Nabelschau scheint der sogenannte *ally*-Ansatz zu sein: Denn dieser fragt nicht danach, wie Privilegierte (in diesem Fall cis Männer) sich begreifen, sondern nur, was sie real für Deprivilegierte umsetzen. Dabei ist meist eine rein unterstützende Praxis gemeint, die unsichtbar und im Stillen stattfindet, wie z. B. Kochen und Kinderbetreuung während feministischer Aktionen. Oft wird eine rigorose Orientierung an den Positionen der Betroffenen eingefordert: Das Blogprojekt *Kritische Männlichkeit* empfiehlt männlichen *allies* z. B., sie sollten die „Sprache ‚der Community' übernehmen", und verlautbart: „Sei dankbar, wenn Dir eine marginalisierte Person etwas erklärt und zweifel diese Erklärung nicht an".[63] Denkt man daran, wie oft sich (cis) Männer paternalistisch und vollkommen frei von antisexistischem Erkenntnisinteresse in feministische Debatten einmischen, erscheint das erst mal sehr verständlich. Der *ally*-Ansatz hat aber nicht nur eigene Widersprüche, sondern eignet sich ebenso für einen zur

63 Janosch Krotz: Verbündetenschaft (Allyship). In: *Kritische Männlichkeit*, o. D. https://t1p.de/679a (Zugriff am 14.01.2022).

Vermeidungstaktik umfunktionierten Profeminismus – inklusive der Adelung von Passivität.
Denn wenn cis Männer *dem* Feminismus differenzlos folgen und sich eigenständige Positionen und Praxis verkneifen sollen, verschwinden sowohl Feminist*innen als auch sie selbst als politische Subjekte. Feminist*innen werden so zum abstrakten Kollektiv *der* Betroffenen, die bitte alles bestimmen sollen, weil sie betroffen sind. Eine zentrale Forderung des Kampfs gegen sexuelle Gewalt – nämlich, dass Betroffene in Bezug auf ihre eigene konkrete Betroffenheitserfahrung eine Deutungshoheit haben sollen – wird so abstrakt ausgeweitet. Das erlaubt (cis) Männern wiederum einen neuen, diesmal *passiven* Paternalismus: Eigene Verantwortungsübernahme, Auseinandersetzung und Praxis braucht es keine, denn die Betroffenen werden es schon wissen. Der Unwille von (cis) Männern, in feministischen Belangen selbst nachdenken und -fühlen zu müssen, lässt sich so praktischerweise als solidarische Haltung umdeuten. Die queerfeministische Gruppe ff wirft *ally*-Ansätzen deshalb vor, Solidarität sogar zu verhindern:

> Sie reduzieren die Verantwortung von Männern, das Patriarchat und damit auch sexualisierte Gewalt zu bekämpfen, auf passive Hilfsgesten. Damit wird ihnen die eigene gesellschaftliche Analyse des Patriarchats abgenommen und somit auch die Beantwortung der Frage, welches Interesse sie selbst an seiner Abschaffung haben könnten.[64]

Klassische *ally*-Praxis wird von cis Männern sowieso selten umgesetzt – in Leipzig z. B. gibt es aktuell nur eine cis Männer-Gruppe, die Kinderbetreuung organisiert, und diese ist chronisch unterbesetzt.[65] Vor sich hergetragen wird der Begriff dafür umso lieber. Denn was sich als Opposition zu einer identitären Auseinandersetzung mit Männlichkeit ausgibt, ist oft

64 Gruppe ff, Berlin: Cis-Typen, macht euch verletzlich! In: *Jungle World*, 18.06.2020. https://jungle.world/artikel/2020/25/cis-typen-macht-euch-verletzlich (Zugriff am 14.01.2022).

65 Betreuungskollektiv Leipzig (BeKo): Selbstverständnis. In: *Betreuungskollektiv*, 07.04.2021. https://betreuungskollektiv.wordpress.com/about/ (Zugriff am 21.06.2022).

nur eine weitere Variante: Statt konsequenzlos in der eigenen männlichen Identität herumzustochern, geben Männer jegliche Verantwortung für Inhalte und Formen ihrer antipatriarchalen Praxis an Feminist*innen ab und feiern das auch noch als besonders solidarisch. Das Selbstbild des asketischen Helden, der sich demütig und schuldbewusst *dem Feminismus* unterstellt, schafft darüber hinaus wieder eine Versöhnung mit (eigener) Männlichkeit, gerade weil diese gar nicht mehr konkret thematisiert wird.

Wieder entpuppt sich eine profeministische *Antwort* als Ausweichbewegung, die die eigentlich männlichkeitskritischen *Fragen* verdeckt: Warum können (cis) Männer eigentlich keine solidarischen Bündnispartner für Feminist*innen sein? Warum können sie keine eigene antipatriarchale Sehnsucht und daraus abgeleitete Anliegen formulieren? Und warum ist die gemeinsame politische Praxis mit ihnen meistens ein Elend? Bedenkt man, wie oft Feminist*innen von den eigenen Genossen enttäuscht werden, ist es zwar sehr verständlich, dass sie froh darüber sind, wenn diese alle Jubeljahre wenigstens mal die Kinderbetreuung übernehmen; der eigentliche Skandal dahinter fällt dabei jedoch unter den Tisch: Der Kampf gegen Sexismus, männliche Dominanz und Gewalt und damit vor allem sexuelle Gewalt ist auch in linken Kontexten maximal ein Nebenwiderspruch, zu dem (cis) Männer meistens ein vollkommen passives Verhältnis haben. Es ist deshalb kein Zufall, wenn (cis) Männer immer dann die profeministische Tugend der Zurückhaltung entdecken, wenn es darum gehen müsste, eigenständig aktiv zu werden.

(Cis) Männer profitieren dabei von dem fehlenden Vertrauen in sie, das sie sich in der Regel auch hart erarbeitet haben. Ihre (meist unbewusste) Strategie besteht darin, sich so lange lustlos und stümperhaft anzustellen, bis sich genervt von ihnen abgewendet wird. So kann konsequent jede (innere) Verantwortungsübernahme verweigert werden, während man(n) gleichzeitig behaupten kann, doch immer hilfsbereit und guten Willens gewesen zu sein. Bilke Schnibbe, feministische*r Journalist*in, hat für dieses Phänomen den Begriff der „Kritischen Man-Babies“ geprägt:

> Sie richten ihre großen Kulleraugen auf Feminist*innen, die ihnen sagen sollen, wie man denn nun ‚richtig reagiert'. Das passiert sowohl im Kleinen, wenn ein guter Freund übergriffig geworden ist, wie auch im Großen, eine übergreifendere politisch-aktivistische Strategie betreffend. [...] Männer ziehen aus ihrer Selbstinfantilisierung, dass sich nichts ändert und sie schön klagen können, wie schwer es aber auch alles ist. Dass man es Feminist*innen einfach nicht recht machen kann.[66]

Es handelt sich hier schlicht um den profeministischen Bruder der klassisch-patriarchalen Verweigerungshaltung gegenüber feministischer Kritik: Feministische Ansprüche werden nicht direkt angegriffen und delegitimiert, sondern entkernt und unterlaufen: „Demonstrative Unterwürfigkeit steigert sich, und das mag kontraintuitiv sein, in passiven Widerstand, unterschwellige Aggression und indirekten Boykott."[67] Das Ergebnis bleibt somit das gleiche: Linke cis Männer sind in antisexistischen Fragen meist keine ernstzunehmenden, solidarischen Gegenüber; aber nicht, weil sie es einfach nicht *können* und geduldige (Pro-)Feminist*innen es ihnen nur ermöglichen müssten, sondern vor allem, weil sie es nicht *wollen* – weil sie ein Interesse an der Aufrechterhaltung dieses Zustands und eine tief verinnerlichte Abwehr gegen feministische Forderungen haben. Profeministische Theorie und Praxis stellen sich leider oft als das genaue Gegenteil dieser Erkenntnis dar: Sie setzen den *eigentlich guten* Willen dieser Männer voraus und machen einen schlechten Kompromiss nach dem anderen, um ihnen das *Können* zu ermöglichen. Nirgendwo zeigt sich dies stärker als beim Umgang mit sexueller Gewalt, bei dem sich Profeminismus oftmals vollends als Teil von (strukturellem) Täterschutz erweist.

66 Bilke Schnibbe: Kritische Man-Babies. In: *analyse & kritik* 662 (2020). https://www.akweb.de/ausgaben/662/linke-manner-immer-noch-uberfordert-bei-sexueller-gewal/ (Zugriff am 21.02.2022).

67 Jeja Klein: Die Furcht linker Männer vor den Feministinnen. Wieso auch Männer, die sich für profeministisch halten, meist ein riesiges Problem mit Frauen haben. In: *analyse & kritik* 661 (2020). https://www.akweb.de/bewegung/die-furcht-linker-maenner-vor-den-feministinnen/ (Zugriff am 04.02.2022).

IV
Nicht alle Typen sind ja Täter, aber …

Männlichkeit, sexuelle Gewalt und Profeminismus als (struktureller) Täterschutz

> Das allermeiste an sexualisierter Gewalt passiert aus Unwissenheit, aus Unsicherheit, aus Tolpatschigkeit und Kommunikationsfehlern.[68]
>
> [W]enn wir alle (potenzielle, aber ich würde eigentlich sagen, tatsächliche, weil ich fest davon überzeugt bin, dass jede*r schon einmal Gewalt ausgeübt hat, auf unterschiedliche Art) Täter*innen sind, und H. ein Arschloch ist, sind wir dann alle Arschlöcher?[69]
>
> Rehzi Malzahn, selbsternannte Expertin für Aufarbeitungsprozesse von Gewalt in der Linken. Begleitet seit Mitte Juli 2021 H., den Täter der Massenübergriffe auf dem Festival Monis Rache, bei seiner vermeintlichen Verantwortungsübernahme.[70]

Männliche Gewalt und Grenzüberschreitungen sind alltäglicher Bestandteil der patriarchalen Zustände. Nehmen wir die konservativen Zahlen einer des revolutionären Feminismus gänzlich unverdächtigen Institution wie des Bundesministeriums für Familie, Senioren, Frauen und Jugend (BMFSFJ): Nach einer im Dezember 2021 veröffentlichten Zusammenstellung empirischer Erhebungen erlebt jede dritte Frau mindestens einmal in ihrem Leben physische und/oder sexualisierte Gewalt. Sogenannte

68 Rehzi Malzahn: Denken hilft In: *Rehzi Malzahn*, 15.07.2022. https://rehzimalzahn.net/denken-hilft/ (Zugriff am 25.04.2023).

69 Rehzi Malzahn: Dann sind wir wohl alle Arschlöcher In: *Rehzi Malzahn*, 23.11.2021. https://rehzimalzahn.net/dann-sind-wir-wohl-alle-arschloecher/ (Zugriff am 25.04.2023).

70 H. war Mitglied des Organisationskollektivs von Monis Rache, installierte über Jahre versteckte Kameras auf den Toiletten und produzierte so massenhaft nicht-konsensuelle Aufnahmen von Menschen, die er weiblich las. Diese verkaufte er dann auf Pornoseiten. Ob die Zusammenarbeit zwischen ihm und Malzahn nach wie vor besteht, ließ sich weder an seinem noch an ihrem Blog nachvollziehen. Vgl. gruppe mora (Hrsg.): *Piss on Patriarchy. Eine Auseinandersetzung mit der sexualisierten Gewalt auf dem Festival Monis Rache*. Münster: edition assemblage 2023, S. 413.

häusliche Gewalt ist so verbreitet, dass rechnerisch alle fünf Minuten eine weitere Frau von ihr betroffen ist. Zwei von drei Frauen erfahren sexuelle Belästigung, fast jede vierte Frau wird irgendwann in ihrem Leben gestalkt und jede siebte wird Opfer von schwerer sexualisierter Gewalt wie Vergewaltigungen.[71] Die wohl extremste Form geschlechtsspezifischer Gewalt ist der Femizid, der Mord aus misogynen Motiven. Selbst nach den mangelhaften Zahlen des BKA, das nur angezeigte Taten von (Ex-)Partnern berücksichtigt und trans Frauen ohne geänderten Geschlechtseintrag schlicht als männliche Opfer verbucht, versucht täglich ein Mann, ‚seine' (Ex-)Partnerin zu töten. Jeden dritten Tag gelingt dies (2020: 139 Morde).[72]

Bei allen Formen dieser Gewalt sind die Täter absolut überwiegend (heterosexuelle cis) Männer; Männer, die entgegen dem verbreiteten Mythos keine (rassifizierten) *Fremden* sind, die in dunklen Gassen lauern, sondern in der Regel *ganz normale* Bekannte, Freunde, Familienmitglieder und besonders häufig die (Ex-)Partner der Betroffenen. Männlichkeit stellt offensichtlich den verbindenden Faktor dar, denn, so die feministische Fachanwältin Christina Clemm: „Die Täter, von denen wissen wir, dass sie aus allen Herkünften[,] aus allen Schichten kommen. Es gibt eben nicht den Täter-Typus, sondern es kann jeder Täter werden."[73] Dies trifft selbstverständlich auch auf linke Männer zu. Das zeigte sich z. B. bei den Fällen um das Festival Monis Rache oder den unter dem Hashtag #LinkeMeToo veröffentlichten Erfahrungsberichten, die sexuelle Belästigung und

71 Vgl. Formen der Gewalt erkennen. In: *BMFSFJ*, 22.12.2021. https://www.bmfsfj.de/bmfsfj/themen/gleichstellung/frauen-vor-gewalt-schuetzen/haeusliche-gewalt/formen-der-gewalt-erkennen-80642 (Zugriff am 15.04.2022).

72 Vgl. Bettina Lehnert / Christine Gerberding: Femizide in Deutschland. Wenn Männer Frauen töten. In: *NDR*, 25.11.2022. https://www.ndr.de/kultur/Femizide-in-Deutschland-Fallzahlen-gehen-2021-leicht-zurueck,femizid100.html (Zugriff am 10.04.2023).

73 Ebd.

Vergewaltigungen durch Funktionäre der Partei Die Linke aufgedeckt haben.[74]
Neben diesen öffentlichkeitswirksamen Skandalen sind es vor allem die alltäglichen Übergriffe, Stalking und Vergewaltigungen, von denen nur ein Bruchteil von Betroffenen und / oder feministischen Gruppen aufgedeckt und öffentlich gemacht wird, die beweisen, dass männliche Gewalt fester Bestandteil auch der Linken ist. Vor diesem Hintergrund müsste es offensichtlich und zwingend notwendig erscheinen, dass jeder profeministische Ansatz dem Kampf gegen männliche Gewalt in Theorie und Praxis einen zentralen Platz einräumt – nicht nur für die Analyse des Patriarchats im Allgemeinen, sondern auch für ein kritisches Verständnis der männlichen Täterschaft, die auch in der Linken selbst herrscht. Es sollte an dieser Stelle nicht mehr überraschen, dass dies nicht der Fall ist. Entweder wird die Auseinandersetzung mit Täterschaft komplett umgangen oder aber sie wird so aufgegriffen, dass zentrale Bestandteile im Sinne der Männer rationalisiert werden. Die plumpe Dämonisierung von Tätern wird dafür (richtigerweise) zurückgewiesen. Statt einem kritischen Verstehen, folgt dann aber nur mitleidiges Verständnis, das die bösartigen Monster durch tragische Gestalten ersetzt, die profeministisch umsorgt werden müssen. Eine zentrale Rolle dafür spielt das verbreitete Verständnis von sexualisierter Gewalt.

1. Von entsexualisierter Gewalt zur Rettung der männlichen Sexualität

Der sowohl in akademischen als auch aktivistischen Kreisen gebräuchliche Begriff der sexualisierten Gewalt setzt Machtansprüche so zentral, dass alles Sexuelle in ihr lediglich als Instrument erscheint:

74 Vgl. Rafael Buschmann / Sophie Garbe / Timo Lehmann / Nicola Naber / Sara Wess: Linke fordern Konsequenzen nach Vorwürfen sexueller Belästigung in der Partei. In: *Spiegel*, 16.04.2022. https://www.spiegel.de/politik/deutschland/anschuldigungen-sexueller-uebergriffe-bei-linken-politiker-fordern-konsequenzen-a-54739ac2-aec8-46ad-9a3f-e622ea568c37 (Zugriff am 18.04.2022).

> Bei sexualisierter Gewalt geht es nicht um die Befriedigung sexueller Lust, sondern um Machtausübung: Sexualität wird funktionalisiert als Mittel zum Zweck der Gewalt- und Machtausübung.[75]

Dieser wichtige Einspruch dagegen, Übergriffigkeit als *natürlichen* Teil von männlicher Sexualität zu bagatellisieren, neigt jedoch dazu, unter der Hand das Bild einer reinen, guten Sexualität aufzubauen, die mit Gewalt nichts zu tun hat.[76] Dieser falsche Ausgangspunkt erlaubt es gerade profeministischen Kräften, männliche Herrschaft abstrakt und von der konkret ausgeübten Gewalt getrennt zu verurteilen, nur um sich im nächsten Schritt um die verunsicherte Verletzlichkeit in der Sexualität des Mannes kümmern zu können.

Die feministische Publizistin Mithu M. Sanyal z. B. schreibt in ihrem preisgekrönten Buch zum Thema Vergewaltigung, dass es falsch sei, diese als einen Ausdruck von „generell gefährlicher"[77] männlicher Sexualität zu begreifen. Stattdessen handele es sich um die „bewusste Entscheidung eines kleinen Teils der Gesellschaft, ein Gewaltverbrechen zu begehen"[78]. Warum maßgeblich Männer diesen gar nicht mal so kleinen Teil ausmachen, beantwortet die Autorin so: Toxische Männlichkeit würde verhindern, dass gerade hetero Männer über ihre Gefühle und Sexualität sprechen könnten, eigene Ängste würden deshalb schmerzhaft ungelöst bleiben und gewaltsam bearbeitet.[79] Sanyal lehnt es deshalb nicht nur theoretisch, sondern auch praktisch ab, Männer

75 Ansprechgruppe Ende Gelände: Leitfaden zum Umgang mit sexualisierter Gewalt in Ende Gelände. Ein Zwischenstand zur Diskussion. In: *Ende Gelände*, Juli 2021. https://www.ende-gelaende.org/wp-content/uploads/2021/07/Ende_Gelaende_sexualisierte_Gewalt_Heft_bunt.pdf (Zugriff am 26.05.2022).

76 Vgl. Marco Roock: „Der Mann, der immer kann?" Kritische Anmerkungen zum Begriff der sexualisierten Gewalt aus politisch-psychologischer Perspektive. In: *GENDER. Zeitschrift für Geschlecht, Kultur und Gesellschaft* 4,2 (2012), S. 116–128. https://nbn-resolving.org/urn:nbn:de:0168-ssoar-396030 (Zugriff am 07.06.2022).

77 Mithu M. Sanyal: *Vergewaltigung. Aspekte eines Verbrechens*. Hamburg: Nautilus 2020, S. 132.

78 Ebd., S. 117.

79 Ebd., S. 134–135.

als (potenzielle) Täter zu denken, wie es etwa Workshops täten, die versuchen, Jungen beizubringen, respektvoll mit den Grenzen anderer umzugehen. Stattdessen schlägt sie vor, Jungen und Männer für ihre eigenen Gefühle und Regungen zu sensibilisieren, denn: „Es ist viel leichter auf die Grenzen anderer zu achten, wenn man selbst welche haben darf“[80]. Plötzlich besteht also doch eine Verbindung zwischen männlicher Sexualität und Gewalt, nur eben unter umgekehrten Vorzeichen: Männliche Sexualität erscheint nicht mehr als etwas souverän Bedrohliches, das gezähmt werden müsste, sondern gerade umgekehrt als etwas fragil Verletzliches, das nur der Sorge bedarf, um endlich (wieder) *gut* sein zu können. Verschwunden ist die Vergewaltigung als ein bewusstes Verbrechen. Stattdessen befinden wir uns nun im Bereich des Unglücks, dass niemand *wirklich* wollen kann, denn: „In der Regel ist Vergewaltigung [...] nicht einmal böse, sondern **Dysfunktionieren** in seiner sexualisierten / sexuellen Variante.“[81]

Spätestens hier zeigt sich ein fast schon offensives Desinteresse an den männlichen Macht- und Herrschaftsansprüchen, die doch eigentlich das zentrale Moment der Gewalt sein sollten. Wenn überhaupt, werden problematische *Bilder* und *Ideale* benannt. Warum die beständig produziert werden, wird aber nicht beantwortet. Dass patriarchale Gewalt vor allem eine Form der Kontrolle, Bestrafung und Abschreckung ist, die dazu dient, Menschen auf ihren Platz in der geschlechtlichen Hierarchie und Arbeitsteilung zu verweisen, und dass vor allem (hetero cis) Männer ein persönliches Interesse an dieser Gewalt haben, geht dabei vollständig unter. Homosexuelle und transgeschlechtliche Menschen werden in dieser Gewalt als *negative* Verräter*innen der bürgerlichen Reproduktionsgemeinschaft verfolgt, während Frauen vor allem in ihrer *positiven* Rolle als sorgendes Nicht-Subjekt gehalten werden sollen: Im kapitalistischen Patriarchat gehören sie deshalb nicht wirklich

80 Ebd., S. 194.
81 Ebd., S. 171 (Herv. K.P.).

sich selbst, sondern werden zum *prinzipiellen Allgemeingut* für einzelne Männer (und den Staat [82]), die ihren Willen vor allem dann gegen Frauen durchsetzen, wenn es die Kontrolle und Aneignung ihrer Körper und damit auch ihrer Sexualität betrifft. Dieser Zustand hat sich nicht grundlegend geändert, auch wenn Frauen (und andere Geschlechter) heute zumindest formal rechtlich volle Arbeits- und Rechtssubjekte sein sollen: In dem Verhältnis von bürgerlichem Subjekt und seinem Anderen ist weibliche Autonomie schnell bedrohlich für den Reproduktionszusammenhang und eine potenzielle Provokation für einzelne (cis hetero) Männer. Deshalb droht Gewalt vor allem dann, wenn die Unabhängigkeit und der eigene Wille von Frauen für Männer *schmerzhaft* spürbar werden.[83]

Die Frage, warum diese Gewalt oft nicht nur sexualisierend ist (wie bei Catcalling und anderen Entwürdigungen), sondern auch sexuell (in Handlungen, die auch der Lustbefriedigung des Täters dienen), lässt sich so aber noch nicht erklären. Die eigene Sexualität steht schließlich niemandem komplett zur Verfügung. Hier ist auch Sanyal erstmal zuzustimmen: Männliche Sexualität kann nicht umstandslos ein bewusstes Herrschaftswerkzeug sein und sexuelle Gewalt ist weniger ein Ausdruck von männlicher Souveränität als vielmehr ein Beweis ihrer Instabilität.[84] Der Gedanke, dass dieses sexuelle „Dysfunktionieren"[85] einer stets bedrohten männlichen Souveränität selbst untrennbar mit patriarchalen Herrschaftsansprüchen vermittelt sein könnte, wird von Sanyal hingegen systematisch

82 Vgl. redical [M] Kommunistische Gruppe Göttingen: KEINE MEHR! Über Femizide und das Ende des kapitalistischen Patriarchats. In: *redical [M]*, 2021. https://redicalm.org/einsteigerinnen-broschure-gegen-patriarchale-gewalt/ (Zugriff am 27.06.2022), S. 26–31.

83 Vgl. Koschka Linkerhand: Mitten unter uns. Überlegungen zum transnationalen Kampf gegen Femizide. In: *konkret. Zeitschrift für Politik und Kultur*, 8/2020, S. 40–43, u. 9/2020, S. 21–23. Hier zit. n. https://koschkalinkerhand.de/wp-content/uploads/2020/09/Mitten-unter-uns.pdf (Zugriff am 21.06.2022), S. 5–7.

84 Vgl. Sanyal: *Vergewaltigung*, S. 140.

85 Ebd., S. 169.

ausgeblendet, weil er ihr Vorhaben, die Sexualität des Mannes (pro-)feministisch zu stabilisieren, untergraben würde.[86]

Der von der Autorin mehrmals herangezogene Jack Urwin springt besonders unvermittelt zwischen den falschen Alternativen von *böser*, souveräner Gewalt und *eigentlich guter*, aber prekärer männlicher Sexualität hin und her: Vergewaltigungen werden bei ihm erst als „Waffe“ [87] eingeführt, die nicht viel mit Sexualität zu tun habe, nur um eine Seite später sexualisierte Gewalt und sogar Massenfemizide als reine Folge von männlicher Verunsicherung zu beschreiben.[88] Zu seinen Beispielen gehört auch der Amoklauf des Incel-Terroristen Elliot R., der 2014 sechs Menschen tötete und zuvor ein 141 Seiten umfassendes misogynes Manifest verfasst hatte.[89] In den Worten Urwins klingt dies dann verharmlosend so: „Männer können so an ihren Unsicherheiten leiden, dass diese ihr Verhalten auf schreckliche Art und Weise bestimmen“[90]. Das ist die gleiche Logik, wie den Anschlag eines Nazis damit zu erklären, dass dieser sich in seinem völkischen Gemeinschaftsgefühl und seiner patriotischen Selbstwirksamkeit zutiefst verunsichert gefühlt und bitterlich darunter gelitten hätte: Der gewalttätige Hass wird lediglich als schlimme *Konsequenz* von verletzten Bedürfnissen und Gefühlen begriffen und nicht bereits als das treibende Moment dieser Begehrensstruktur und Emotionalität selbst.

86 Dass die Autorin eine Verständigung mit dem Maskulismus begrüßt und auch selbst aktiv betreibt, erscheint vor diesem Hintergrund nur konsequent, erschreckt dann aber doch. Vgl. Mithu Sanyal: Feminism is good for you – auch und gerade wenn du ein Mann bist. In: Arne Hoffmann (Hrsg.): *Gleichberechtigung beginnt zu zweit. Können Feminismus und Maskulismus für eine ganzheitliche Geschlechterpolitik zusammenwirken?* Marburg: Tectum 2019, S. 103–120.

87 Urwin: *Boys Don't Cry*, S. 202.

88 Ebd.

89 Vgl. Veronika Kracher: *Incels. Geschichte, Sprache und Ideologie eines Online-Kults.* Mainz: Testcard 2020, bes. S. 63–122.

90 Urwin: *Boys Don't Cry*, S. 203.

Die angeblich zentralen Herrschafts-, Dominanz- und Unterwerfungsinteressen bleiben deshalb nicht nur der Gewalt, sondern vor allem der Sexualität der Täter seltsam äußerlich. Die Täter, und darüber hinaus Männer im Allgemeinen, erscheinen somit eher als *Betroffene* von toxischen Rollenbildern und Ansprüchen, die ihre ‚authentischen' Gefühle und Lüste nicht bestimmen, sondern nur verzerren. Das profeministische Magazin *Boykott* schreibt ganz in diesem Sinne, dass Sex und Flirten beide häufig sexistisch seien, weil restriktive gesellschaftliche Vorstellungen „einem ehrlichen Begegnen mit unseren *eigentlichen* Bedürfnissen oft im Weg stehen."[91] Deshalb sei daran erinnert, dass man bei vielen Männern nur heilfroh sein kann, dass gesellschaftliche Normen sie davon abhalten, ihr wahres Verlangen auszuleben: So gaben in einer Umfrage unter 73 College-Studenten aus den USA fast ein Drittel der größtenteils weißen, heterosexuellen cis Männer an, dass sie Frauen zum Sex zwingen würden, wenn sie keinerlei Konsequenzen zu befürchten hätten. Etwas mehr als jeder Siebte blieb auch dabei, wenn diese Tat als das benannt wurde, was sie ist: eine Vergewaltigung.[92]

Dabei ist immer zu bedenken, dass eine Umfrage nur das abbilden kann, was den Befragten bewusst ist und was sie sich darüber hinaus selbst eingestehen können. Die meisten Männer lehnen sexuelle Gewalt ab und empfinden sich selbst weder als sexistisch noch misogyn. Die meisten Männer fallen aus allen Wolken und verstehen weder sich noch die Welt, wenn sie mit ihrer Täterschaft konfrontiert werden, und bei den meisten Männern ist es keine bewusste Lüge, wenn sie sagen, dass ihre Gewalt *gar nicht so gemeint* gewesen sei oder sie sich *nichts dabei gedacht* hätten. Genau das ist ja das Problem. Und dieses müsste

91 Ulla Wittenzellner / Lukas Tau: Sex & Flirten. In: *Boykott Magazin* 1 (2021), S. 64–65. https://www.boykott-magazin.de/artikel/einleitung-rubrik-sex-flirten/ (Zugriff am 27.06.2022), hier S. 65 (Herv. K. P.).

92 Victoria Bekiempis: When Campus Rapists Don't Think They're Rapists. In: *Newsweek*, 09.01.2015. https://www.newsweek.com/campus-rapists-and-semantics-297463 (Zugriff am 26.04.2022).

erst einmal kritisch verstanden werden, statt nur verständnisvoll darauf einzugehen.

2. Phallische Allmacht …

Dass (cis) Männer oft gar kein Gefühl für ihre (potenzielle) Übergriffigkeit haben und in den überwiegenden Fällen kein bösartiges Vorhaben oder auch nur ein Bewusstsein für ihre Gewalt brauchen, ist Ausdruck ihres tief verinnerlichten männlichen *Souveränitätsphantasmas*. Denn dieses bestimmt nicht nur ihr Verhältnis als gesellschaftsfähige Subjekte gegenüber dem notwendigen Schein der bürgerlichen Autonomie,[93] sondern ist grundlegend für ihre psycho-sexuelle Konstitution, die schon in den frühesten Beziehungen angelegt und beständig umgearbeitet wird.[94] Männliche Selbstbestimmung zeigt sich hier wieder als Souveränität durch die (aggressive) Verleugnung der eigenen Verwiesenheit auf andere. Was sich besonders zuspitzt, wenn diese anderen mit der Weiblichkeit identifiziert werden, von der man(n) auf keinen Fall bestimmt werden will.[95]

93 Siehe Kap. I.2 „Männer als konformistische Rebellen der Männlichkeit".

94 Die folgenden Ausführungen sind wieder stark vereinfacht und hauptsächlich vom Ergebnis her dargestellt. Für eine cisnormative, aber ausführliche Darstellung der Genese des männlichen Autonomie/Abhängigkeits-Konflikts vgl. Jessica Benjamin: *Die Fesseln der Liebe. Psychoanalyse, Feminismus und das Problem der Macht*, aus. d. Engl. v. Nils Thomas Lindquist / Diana Müller. Frankfurt am Main: Klostermann 2015, S. 19–66, 91–102. Für seine Konsequenzen für männliche Gewalt und Sexualität vgl. Rolf Pohl: *Feindbild Frau. Männliche Sexualität, Gewalt und die Abwehr des Weiblichen*. Hannover: Offizin 2004, S. 101–282. Für eine metatheoretische Einordnung der Psychoanalyse im Verhältnis zu materialistischer Gesellschaftskritik vgl. Christine Kirchhoff: Hass auf Vermittlung und „Lückenphobie". Zur Aktualität der Psychoanalyse. In: *Phase 2* 41 (2011/12). https://www.phase-zwei.org/hefte/artikel/hass-auf-vermittlung-und-lueckenphobie-103 (Zugriff am 02.05.2022).

95 Für männliche Gewalt ist zentral, was die (potenziellen) Täter als weiblich imaginieren und identifizieren, nicht was Weiblichkeit *ist*. Deshalb ist männliche Gewalt immer misogyn, auch wenn nicht nur Frauen, sondern auch andere Geschlechter von ihr betroffen sind und es empirische Hinweise gibt, dass nicht-binäre Menschen sogar stärker unter ihr leiden. Vgl. Konrad Weller / Gustav-Wilhelm Bathke / Anja Kruber / Heinz-Jürgen Voß: *PARTNER 5 Jugendsexualität 2021. Primärbericht: Sexuelle Bildung,*

Dafür wird der Fakt, dass Menschen nur mit und durch andere überhaupt Subjekte sein können und „man / frau vom Anderen abhängt, um seine / ihre Unabhängigkeit zu bestätigen“[96], geschlechtlich aufgespalten.

Für Männlichkeit entsteht hier ein spezifischer Autonomie-/Abhängigkeitskonflikt: Die eigene Abhängigkeit soll zum Verschwinden gebracht werden, indem (besonders weibliche) Andere als Gegenüber negiert werden. D. h., die Beziehungen zu (weiblich identifizierten) Anderen werden so wahrgenommen und gestaltet, dass diese nicht als Subjekte vorkommen können, was *notfalls* auch aktiv per Macht, Kontrolle und Unterwerfung verhindert wird.[97] Die geschlechtliche Herrschaft und Arbeitsteilung, die die weibliche Sorge um das bürgerliche Subjekt als unsichtbare Selbstverständlichkeit hervorbringt, übernimmt darin eine ambivalente Doppelrolle: Einerseits erlaubt sie (cis hetero) Männern, ihr Souveränitätsphantasma in realen Beziehungen zu verwirklichen, während sie anderseits gerade hier immer wieder damit konfrontiert werden, wie abhängig sie in ihrer Unabhängigkeit von (weiblichen) Anderen sind. Männliche Wünsche nach Nähe, Zuneigung und Geborgenheit verschmelzen dabei mit dem Bedürfnis nach Kontrolle und Unterwerfung (von Weiblichkeit).

Psychoanalytisch gesprochen stellt sich dieses männliche Souveränitätsphantasma als Identifikation mit phallischer Macht dar. Denn der Phallus steht für die Autonomie ohne Abhängigkeit, die aktive Gestaltung ohne passive Hingabe und die aggressive Selbstbehauptung ohne hinnehmende (Selbst-)Sorge. Das Versprechen auf seine patriarchale Macht wird am Penis

sexuelle Grenzverletzungen und sexualisierte Gewalt. Merseburg: Hochschule Merseburg 2021. https://www.ifas-home.de/wp-content/uploads/2021/07/Primaerbericht-Gewalt-PARTNER-5-Jugendliche-FINAL.pdf (Zugriff am 15.04.2022), S. 5.

96 Jessica Benjamin: Die Antinomien des patriarchalischen Denkens. In: Wolfgang Bonss / Norbert Schindler (Hrsg.): *Sozialforschung als Kritik. Zum sozialwissenschaftlichen Potential der Kritischen Theorie.* Frankfurt am Main: Suhrkamp 1982, S. 426–455, hier S. 439.

97 Ebd., S. 444.

festgemacht. Er soll den Anspruch auf männliche Identität und Vormacht garantieren und die demgegenüber minderwertige Weiblichkeit ausschließen.[98] Sigmund Freuds vieldiskutierter Penis-Neid sollte deshalb vielmehr als „Phallus-Neid“[99] begriffen werden, weil es nicht um die realen Eigenschaften eines Körperteils geht, sondern um die phallische Macht, die ihm zugeschrieben wird und mit der sich die Einzelnen in ihrem geschlechtlichen Werden identifizieren – eine zentrale Erkenntnis gegen die Dämonisierung von trans Weiblichkeit und die vorschnelle Verharmlosung von trans Männlichkeit in ihrem Verhältnis zu Täterschaft.[100]

Das männliche Souveränitätsphantasma ist damit immer schon geschlechtlich verkörpert und bekommt auch eine genuin sexuelle Dimension, weil der Phallus die Widersprüche der Männlichkeit „projektiv beseitigen“[101] soll. Dafür muss der Phallus Weiblichkeit ausschließen und sie sich gleichzeitig aneignen, was in der (cisgeschlechtlichen) Heterosexualität idealtypisch ausgedrückt wird.[102] Der männliche Autonomie-/Abhängigkeitskonflikt soll hier gelöst werden, indem eine verschmelzende Versöhnung mit Weiblichkeit begehrt wird, in der das Gegenüber, das diese Weiblichkeit verkörpert, *genommen* wird, damit sie dem männlichen Souveränitätsphantasma nicht gefährlich werden kann.[103] Gleichzeitig führt gerade das heterosexuelle

98 Vgl. Pohl: *Feindbild Frau*, 249.

99 Vgl. Ljiljana Radonic: Psychoanalyse und Geschlechterverhältnis. In: *Context XXI* (08/2002–1/2003). https://www.cafecritique.priv.at/PAgeschlechterverhaeltnis.html (Zugriff am 12.05.2022).

100 Es braucht also das Moment der Zuschreibung *und* der Identifikation, was unbedingt gegen die transmisogynen Fantasien von trans Frauen als *verdeckten* phallischen Tätern festgehalten werden muss. Bei Männern, die trans sind, stellt das Verhältnis von Phallus und Penis wiederum einen besonderen Widerspruch für ihre verkörperte Männlichkeit dar, der wiederum mit phallischen Machtansprüchen und Weiblichkeitsverachtung beantwortet werden kann.

101 Roock: „Der Mann der immer kann?“, S. 124.

102 Pohl: *Feindbild Frau*, S. 249.

103 Beim schwulen Begehren hingegen kann das männliche Souveränitätsphantasma in einen verachtenden Triumphalismus münden, der sich damit

Begehren dazu, dass die Prekarität der phallischen Macht immer wieder schmerzhaft hervorbricht, weil Sexualität immer auch einnimmt, betrifft und an andere bindet.[104] Das als weiblich identifizierte Andere der männlichen Heterosexualität ist deshalb auch eine ständige Bedrohung, das schon dadurch eine für das männliche Subjekt unheimliche Macht entfaltet, weil es Begehren auslöst. Hass und Lust, Zuneigung und Angst fallen so immer mehr in eins.

Diese grundlegenden Ambivalenzen führen zu tiefgreifenden Spaltungsprozessen im männlichen Unbewussten. Die Angst vor und der Hass auf weibliche Autonomie, die sich tief in die eigene Körperlichkeit eingeschrieben haben und sogar vom eigenen (heterosexuellen) Begehren verraten werden, das doch eigentlich Erlösung verspricht, werden dabei so stark verdrängt, dass sie gar nicht mehr an sich selbst wahrgenommen werden können. Eigentlich innere Anteile und Affekte werden so zu Projektionen, die das Verdrängte in ein Äußeres verlagern, von dem sich (hetero cis) Männer dann getrieben und verfolgt fühlen.[105] Aus der nun projektiven Angst, dass die eigene Männlichkeit und Sexualität von Weiblichkeit bösartig kontrolliert werde, entsteht der aggressive Wunsch, Weiblichkeit selbst (sexuell) unterwerfen zu können.[106] Dominanz gegenüber Weiblichkeit wird so nicht nur zur Bedingung für die Befriedigung von sexueller Lust, sondern eine Quelle dieser Lust selbst. Gefühle und Willen des (weiblich identifizierten) Gegenübers werden dabei tendenziell ausgeblendet bzw. missachtet oder aktiv gebrochen, um das stets bedrohte männliche

brüstet, Frauen gerade nicht zu begehren und deshalb unabhängig von ihnen zu sein.

104 Roock: „Der Mann der immer kann?“, S. 120.

105 Rolf Pohl: „(…) vom Liebhaber zum Lustmörder.“ Die Legierung von Sexualität und Aggression in der männlichen Geschlechtsidentität. In Sylvia von Arx / Sabine Gisin / Ita Grosz-Ganzoni / Monika Leuzinger / Andreas Sidler (Hrsg.): *Koordinaten der Männlichkeit. Orientierungsversuche.* Tübingen: Discord 2003, S. 15–47, hier S. 16.

106 Roock: „Der Mann der immer kann?“, S. 126.

Souveränitätsphantasma in seiner phallischen Exekution durchzusetzen. Die zugrunde liegende projektive Affektstruktur erlaubt es dabei, sogar brutalste Aggression als hilflose Notwehr gegen eine bösartige Übermacht zu empfinden.[107]

Diese Konstellation führt bei den Einzelnen nicht immer und vor allem nicht automatisch zu Gewalt und es macht natürlich einen Unterschied, ob diese misogyn geprägte Sexualität sich in aufdringlichen Annäherungsversuchen, einem fahrlässigen Umgang mit Konsens oder einer geplanten Vergewaltigung manifestiert. Trotzdem teilen die allermeisten (hetero cis) Männer diese sexuelle Konstitution, die bei sexueller Gewalt in die Tat umgesetzt wird. Nachträglich erkenne ich das auch in meiner eigenen Biografie: Denn es brauchte keinen Pick-Up-Artist, um mir als Jugendlichem beizubringen, über kleine Grenzüberschreitungen und Beschämungen zu flirten, die ich über ironische Sprüche tarnte und vor mir selbst rechtfertigte. Es brauchte keinen Malestream der Pornoindustrie für meine Fantasien von sexueller Dominanz und weiblicher Unterwerfung und keinen bewussten Frauenhass für meine ambivalenten Gefühle der Aggression beim Sex. Mein grundlegendes Gewordensein als heterosexueller cis Mann reichte vollkommen aus.

Eine Kritik an *Rape Culture*, die nicht zum männlichen Souveränitätsphantasma, seinem phallischen Machtanspruch und seiner gesellschaftlichen Grundlage – der geschlechtlichen Hierarchie und Arbeitsteilung des kapitalistischen Patriarchats – vordringt, kann höchstens Symptome bekämpfen. Im heutigen Profeminismus reicht es oft aber noch nicht einmal dazu.

107 Roock: „Der Mann der immer kann?“, S. 126.

3. ... und anti-patriarchales Über-Ich

Dass die meisten (hetero cis) Männer kein Gefühl und keine Ahnung von ihren Verstrickungen in Täterschaft haben, wird im Profeminismus nicht als wesentlicher Ausdruck dieser Tätersubjektivität begriffen. Stattdessen erscheint das fehlende Bewusstsein der (hetero cis) Männer als sexualpädagogische Wissenslücke.[108] Weil der Profeminismus keine bösartigen *Monster* hinter den Taten erkennen kann, stellt er sich seine Adressaten als das vor, was die Stand-Up Comedian Hannah Gadsby mal polemisch als „Wald-Und-Wiesen-Konsens-Dyslexiker"[109] bezeichnet hat: eine Mischung aus wohlmeinenden Typen, die einfach kein richtiges Gefühl für Grenzen und Gefühle haben, und arglosen Trotteln, die halt nie gelernt haben, ihren Bedürfnissen sozialverträglich nachzugehen. Natürlich gibt es auch Grenzüberschreitungen, die unbeabsichtigt oder durch Kommunikationsprobleme entstehen, doch diese lassen sich in der Regel schnell aufarbeiten, wenn wirklich keine Unterwerfungsinteressen im Spiel sind und die Beteiligten sich empathisch auf ihr Gegenüber einlassen können bzw. wollen.[110] Wie die französische Pop-Feministin Daisy Letourneur kürzlich noch mal betont hat, ist das bei vielen (hetero) Männern aber schlicht nicht der Fall und zwar selbst und gerade da, wo sie anderes über sich denken und anderen weismachen wollen:

> Natürlich sollten wir auf keinen Fall damit aufhören, Bildungsarbeit für das Verständnis von Konsens zu leisten [...] Man sollte sich aber nicht vormachen, dass es sich hierbei allein um ein Erziehungsproblem handelt. Ich bin sogar der Meinung, dass Männer ganz genau wissen, was Konsens

108 „Guter Sexualkundeunterricht ist die Lösung der meisten dieser Probleme" (Urwin: *Boys Don't Cry*, S. 210–211); vgl. Sanyal: *Vergewaltigung*, S. 134, 137, 194.

109 The Hollywood Reporter: Hannah Gadsby Full Speech: „The Good Men" & Misogyny | Women in Entertainment. In: *YouTube*, 05.12.2018. https://www.youtube.com/watch?v=OEPsqFLhHBc (Zugriff am 16.05.2022).

110 Vgl. Rona Torenz: *Ja heißt ja? Feministische Debatten über einvernehmlichen Sex*. Stuttgart: Schmetterling 2019, insb. S. 41, 167.

> ist. Wenn es um Tee geht. Wenn es um sie selbst geht. Wenn es um Sex mit einer Frau geht. Nein heißt Nein, das ist Männern bewusst. So kompliziert ist das nicht. Das Problem ist nur: Viel zu oft ist es ihnen scheißegal. Schlimmer noch, es kann sie sogar erregen, sich über die Ablehnung einer Frau hinwegzusetzen.[111]

Es ist richtig, dass sexuelle Übergriffigkeit höchst selten geplant wird, trotzdem liegen ihr immer (unbewusste) Entscheidungen zu Grunde. Nämlich die Entscheidung *für* das rücksichtslose Durchsetzen der eigenen Bedürfnisse, sowie die Entscheidung *gegen* das Zulassen von Empathie, Zweifeln, Unbehagen usw., gegen alles, was einen davon abhalten würde, sich selbst gewähren zu lassen. Der sexualpädagogische Fokus des Profeminismus verwirft diese grundsätzliche Verantwortlichkeit jedoch überall dort, wo er keinen eindeutigen Vorsatz vorfindet. Deshalb bleiben ihm spätestens bei profeministischen Männern nur noch Unwissen, Unsicherheit und quasi-unschuldige ‚Fehler' als Bezugspunkte übrig.

Anders ist es nicht zu erklären, warum es sich das *Boykott*-Magazin z.B. zur Aufgabe gemacht hat, Männern beizubringen, wie „Nices Flirten"[112] geht. Der Drang zur positiven Vereinnahmung – wollen wir nicht alle guten Sex, gute Flirts, gute Beziehungen? – ist dabei stellenweise so stark, dass das Nachdenken über geschlechtliche Herrschaft gleich komplett ausgelassen wird. In dem Artikel „Flirten 101" von Blu Doppe, Mit-Herausgeber*in des ersten neueren Sammelbands über *Kritische Reflexionen von Männlichkeiten*[113], erfährt die Leserschaft, dass „viele Menschen viele schlechte Erfahrungen beim Flirten gemacht [haben]"[114] und man deshalb seinem Gegenüber

111 Daisy Letourneur: *Man wird nicht als Mann geboren. Kleine feministische Abhandlung über Männlichkeiten*, aus d. Franz. v. Florian Kanz. Münster: Unrast 2023, S. 182.

112 Ulla Wittenzellner: Nices Flirten!? In: *Boykott Magazin* 1 (2021), S.68–73, https://www.boykott-magazin.de/artikel/nices-flirten/ (Zugriff am 27.06.2022), hier S.68.

113 Doppe / Holtermann (Hrsg.): *Vom Scheitern, Zweifeln und Ändern.*

114 Blu Doppe: Flirten 101. In: *Boykott Magazin* 1 (2021), S.66–67, hier S.67.

jederzeit Rückzugsmöglichkeiten zugestehen und signalisieren sollte. Ein Ratschlag, der für sich genommen hilfreich sein mag, aber durch den Kontext zutiefst zynisch wird. Denn was Doppe hier unter den Tisch fallen lässt, ist, dass „viele Menschen" vor allem Frauen und Queers und „viele schlechte Erfahrungen"[115] in der Regel Folgen von Begegnungen mit (hetero cis) Männern sind – ebenjenen (hetero cis) Männern, an die sich *Boykott* als „Magazin für Männer und gegen das Patriarchat"[116] vorrangig und explizit richtet. Doch auf den gesamten acht Seiten, die das Magazin dem Thema Flirten widmet, werden diese nie als (potenzielle) Subjekte von männlicher Gewalt adressiert, weshalb sie konsequenterweise auch nie aufgefordert werden, Rape Culture und ihre eigene Rolle in ihr zu verstehen oder gar etwas gegen sie zu unternehmen.[117] Es reicht offensichtlich, die abstrakte Existenz dieser Rape Culture als quasi-natürliche Umwelt anzuerkennen, damit mann sich individuell *nice* in ihr verhalten kann.

Der männliche Wunsch, (weiblich identifizierte) Andere nicht als eigenständige Gegenüber anerkennen zu müssen, kann so kritiklos weiterexistieren und wird stellenweise sogar aktiv bedient. Denn in ihren Autonomie-/Abhängigkeitskonflikten lernen Männer, die Gefühle, Bedürfnisse und Anliegen anderer höchstens technisch-abstrakt als Anforderungen wahrzunehmen, die nicht In-Beziehung, sondern allein für sich bearbeitet werden sollen.[118] Auch anstrebenswerte Ideale wie der sensible Umgang mit anderen können einfach in weitere Ansprüche verwandelt werden (‚Jetzt wollen die auch noch, dass ich empathisch bin'),

115 Doppe: Flirten 101, S. 67.

116 *Boykott Magazin*, o. D. https://www.boykott-magazin.de (Zugriff am 10.04.2023).

117 Später in der ersten Ausgabe steht zwar ein einziger Text, der in diese Richtung geht – ein Neuabdruck aus dem ersten *Männerrundbrief* von 1993 –, doch aus diesem wurden offensichtlich keine Konsequenzen für das Magazin gezogen. In *Boykott* 2 (2022) wurde die ganze Rubrik „Sexualisierte Gewalt" dann kommentarlos gestrichen.

118 Benjamin: Die Antinomien des patriarchalischen Denkens, S. 443.

die Männer abfertigen wollen, um souverän zu bleiben. Die libertäre Männergruppe Bremen diagnostizierte der Linken schon in den 1990er Jahren ein „Anti-Patriarchales Über-Ich“[119], das zwar für ein oberflächliches schlechtes Gewissen und leicht veränderte Umgangsformen sorgte, aber eine zentrale Frage offenließ:

> Können sie wirklich Frauen als Subjekte, als Persönlichkeiten wahrnehmen, oder haben sie ihre alten Objektwahrnehmungen nur ‚verdeckt‘?[120]

Das ehrliche Sprechen über verdrängte und von Misogynie bestimmte Gefühle der Angst, Bedrohung und Aggression in der Sexualität der Männer wird durch ihre technische Bearbeitung nicht ermöglicht, sondern gerade verhindert. Die Feministin Malin Soetbeer hat deshalb ganz recht, wenn sie in ihrer Rezension des Magazins schreibt:

> Man hätte an dieser Stelle über die männlichen Bedürfnisse sprechen können, Kontrolle und Unabhängigkeit beim Anbaggern zu bewahren – doch wir befinden uns auf einmal mitten in einem Versuch der Wiedergewinnung männlicher Souveränität.[121]

Weil der Profeminismus die Liebe, Sexualität und Identität von Männern retten will, bleibt ihm eine grundsätzliche Kritik versperrt. Da von vornherein ausgeschlossen wird, dass irgendwer *wirklich* ein Interesse und eine Lust an der Gewalt haben könnte, bleiben nur Unsicherheiten und Missverständnisse als Gründe. Übergriffe werden so zu etwas, das niemand mehr will und aktiv durchführt. Sie können Männern nur noch irgendwie ‚passieren‘. Das entspricht exakt dem Selbstverständnis der meisten Täter. So wird im allerschlechtesten Sinne an die Subjektivität der (potenziellen) Täter angedockt. Ihre innere Spaltung gegenüber sich selbst und anderen wird dafür mitvollzogen und in der profeministischen Praxis verdoppelt.

119 Zit. n. Kadritzke: Bewegte Männer, S. 239.

120 Ebd.

121 Malin Soetbeer: Neue Männer braucht das Land ... nicht. In: *analyse & kritik* 674 (2021). https://www.akweb.de/gesellschaft/neue-maenner-braucht-das-land-nicht/ (Zugriff am 22.04.2022).

4. Das Jammern der Täter

Lust und Aggression, romantisierte Verschmelzungsfantasien und die Angst vor der eigenen Verwiesenheit (auf Weiblichkeit) sind in Männlichkeit stets miteinander verwoben, werden aber nicht als solche bewusst erlebt und an sich wahrgenommen. Das unvermittelte Springen zwischen souveränen Tätern und tragischen Gestalten entspricht deshalb auch dem gespaltenen Empfinden vieler (cis hetero) Männer selbst. Wenn (cis hetero) Männer auf die Konfrontation mit (eigener) Täterschaft mit aggressiver Rechtfertigung von männlicher Gewalt über Victim Blaming (die Opfer sind selbst schuld) bis hin zum offenen Bekenntnis zu patriarchaler Herrschaft (die Opfer haben es nicht anders verdient) reagieren, ist das deshalb nur die eine Seite der Medaille. Ihre andere zeigt eine bestürzte Melancholie, die sich in tiefe Betroffenheit von Schuld- und Schamgefühlen zurückzieht – ein Gemütszustand, der bezeichnenderweise nie dazu führt, dass die Gewalt und ihre Bedingungen wirklich aufgearbeitet werden, oder auch nur zum Aufbrechen zweifellos angemessener Gefühle wie Trauer, Reue oder Verzweiflung. Stattdessen versinken Männer im Angesicht von (eigener) Täterschaft regelmäßig in ausuferndem Selbstmitleid, das von Feminist*innen, die organisierter mit übergriffigen cis Männern arbeiten, polemisch auch als „Rumopfern"[122] bezeichnet wurde:

> Für mich gibt es einen Unterschied zwischen Gefühle zeigen, sich anderen Menschen öffnen, verletzlich sein, sich über Unsicherheiten austauschen und, auf der anderen Seite, nur in einer bestimmten Konstellation, in einem bestimmten Moment verunsichert zu sein und zwar in dem, wo die Alternative wäre, Verantwortung für das eigene Handeln zu übernehmen.[123]

122 Gruppe besser als nix: Keine Sondertörtchen für Männlichkeit! Gedanken zu unseren Erfahrungen aus der transformativen Arbeit mit cis Männern, die sexualisierte Gewalt ausüben. In: Doppe / Holtermann (Hrsg.): *Vom Scheitern, Zweifeln und Ändern*, S. 205–226, hier S. 222.
123 Ebd.

Die unendlich ziellose Melancholie der Täter erklärt sich dadurch, dass es hier nicht um das Leid geht, das anderen zugefügt wurde. Die Trauer gilt vielmehr der eigenen Ambivalenz und der spürbar gewordenen Prekarität des Souveränitätsphantasmas, das der ausgeübten Gewalt zugrunde liegt. Weil das Phantasma und seine Bedrohung aber nicht bewusst erlebt werden, unverstanden bleiben und vor allem nicht angetastet werden sollen, kreist mann nur konsequenzlos um sie herum, was dafür sorgt, dass die diffuse Reue nie konkrete Trauer und erst recht keine Empathie für andere werden kann. Dieses Phänomen beschränkt sich dabei nicht nur auf die unmittelbaren Täter, sondern weitet sich in der Regel auch auf das Umfeld und – je nach Bekanntheit der Taten – die Öffentlichkeit aus. Auch hier kommt es zu Externalisierungen, bei denen die Täter als böse Monster verstoßen werden sollen, um sich des Problems und vor allem einer eigenen Auseinandersetzung zu entledigen.[124] Weit öfter herrscht jedoch eine unbehagliche Überforderung vor, in der die Konsequenzen aus der Gewalt oder gleich die Tat selbst ausgesessen und relativiert werden.

(Linke) Männer übernehmen hier meist die Rolle der Kumpel, die gar nicht fassen wollen, dass so ein Guter wie ihr Bekannter / Freund / Genosse misogyn-gewalttätig gehandelt haben soll, und halten deshalb die Vorwürfe und erst recht die (geforderten) Konsequenzen für übertrieben oder gleich für feministische Hysterie. Dabei identifizieren sie sich mit der bedrohten Souveränität und der Angst vor weiblicher Macht (und Sexualität), die auch dem ‚bedauernswerten' Täter zum Verhängnis wurden. Bei kritischen Männern geschieht zwar genau das Gleiche, doch sie verbieten sich solche Formen offener Abwehr. Ihr Unbehagen gegen Konsequenzen formuliert sich deshalb anders: Mann wisse ja auch nicht so recht, nur eins wäre klar: Zu viel Wut und Konfrontation seien nicht produktiv. Der

124 Bettina Wilpert: Sanktionen allein helfen nicht. In: *Jungle World*, 04.06.2022. https://jungle.world/artikel/2020/23/sanktionen-allein-helfen-nicht (Zugriff am 18.05.2022).

Täter müsse doch schließlich die Chance bekommen, sich verletzlich zu zeigen und zu verändern!

Dieses dubiose Mitgefühl können sie mittlerweile auch mit der Rezeption von Konzepten wie „transformative" oder „restorative Justice" rechtfertigen.[125] Der begrüßenswerte Versuch eines Umgangs mit Gewalt, der abseits von Staat, Polizei und bürgerlichem Recht funktioniert und nachhaltig wirkt, weil er auch die gewaltausübende Person miteinbezieht, ähnelt hier oft einem sozialpädagogischen Programm für die Täter. Wie z. B. die feministische Autorin Bettina Wilpert gezeigt hat, legt das bekannte Handbuch der Gruppe Respons[126] den Fokus viel zu sehr auf die gewaltausübende Person und hantiert mit einem Gewaltbegriff, der jegliche individuelle Verantwortung verschwinden lässt.[127] Rehzi Malzahn, die deutsche Hauptvertreterin des restorativen Ansatzes, bezeichnet ihre Methoden gern als „Schimpfen und dabei Händchen halten."[128]

Dass einige Vertreter*innen von transformativer Gerechtigkeit einer explizit christlichen Tradition der Vergebung folgen, passt hier nur zu gut ins Bild. Finden doch gerade profeministische Männer plötzlich zu Jesus, wenn sie rechtfertigen wollen, warum gerade sie keine konkrete und konfrontative Kritik

125 Zur einführenden Unterscheidung der Konzepte vgl. Emma Stapleton: How Is Transformative Justice Different from Restorative Justice? In: *Novel Hand*, 30.12.2020. https://novelhand.com/restorative-and-transformative-justice/ (Zugriff am 25.04.2023).

126 Respons Kollektiv: *Was tun bei sexualisierter Gewalt? Handbuch für die Transformative Arbeit mit gewaltausübenden Personen*. Münster: Unrast 2021. Die Autor*innen des Handbuchs geben dort auch selbst zu, dass sie eigentlich wissen, dass der von ihnen propagierte Ansatz offensichtlich (so) nicht funktioniert: „Uns ist, ehrlich gesagt, [...] kein Beispiel eines [transformativen] Prozesses in Deutschland bekannt, in dem ein abschließender Erfolg am Ende der Arbeit stand, mit dem wirklich alle Beteiligten (inklusive der betroffenen Person) zufrieden waren." (Ebd., S. 174.)

127 Wilpert: Sanktionen allein helfen nicht.

128 Rehzi Malzahn: Eine bessere Konfliktkultur aufbauen. Sexualisierte Gewalt kann nur mit einer anderen Konfliktkultur bekämpft werden. In: *Jungle World*, 16.07.2020. https://jungle.world/artikel/2020/29/eine-bessere-konfliktkultur-aufbauen (Zugriff am 23.05.2022).

vertreten sollten: ‚Wer ohne Sünde ist, werfe den ersten Stein.' Und wenn wir alle arme Sünder sind, verbieten sich Wut und Härte (gemeint sind Konsequenzen) gegenüber Tätern und allgemeiner Männern. Was bleibt, ist nur die reumütige Hoffnung auf Erlösung von einer plötzlich ganz abstrakten Schuld.
Die führt in der Regel dazu, dass linke Männer so lange betreten im Weg stehen, bis der feministische Druck wieder abgefallen ist und / oder die unmittelbar Betroffenen enttäuscht aufgehört haben, Ansprüche zu stellen. Eine Form des passiven Täterschutzes, die stellenweise auch im organisierten Aktivismus offen vertreten wird: Als die 2021 gegründete Antipatriarchale Männergruppe Jena dafür kritisiert wurde, dass sie ein Hort für intransparente Verbrüderung mit Tätern geworden sei,[129] antwortete diese so:

> Ein Ausschluss [...] des übergriffigen Täters aus der Antipatriarchalen Männergruppe würde die Täterschaft aller Cis-Männer verkennen und unsere Auseinandersetzung damit erschweren, da man ‚die Bösen' ausschließen und sich somit den ‚guten unschuldigen Männern' zuordnen würde. [...] Wir Cis-Männer im AK Orga sind genauso Täter wie die Cis-Männer in der Großgruppe.[130]

Eine Unverschämtheit, für die sie dankenswerterweise ebenso öffentlich von einer anderen lokalen Struktur kritisiert wurden:

> Mit dem Credo ‚Wir sind alle Täter', das allgemein in der Gruppe vorherrscht, ist schon lange nicht mehr gemeint, dass es eine Verstrickung von Gewalt und männlicher Sexualität gibt, derer sich so niemand[,] der in dieser Gesellschaft sozialisiert ist[,] frei sprechen kann! Sondern es wird zunehmend dafür benutzt, keine individuelle Kritik mehr

129 Das schlechte Gewissen: Chronik, 02.12.2020. In: *Das schlechte Gewissen*, o.D. https://dasschlechtegewissen.noblogs.org/chronik/ (Zugriff am 26.04.2023).

130 Antipatriarchale Männergruppe Jena: Reaktion auf die „Stellungnahme zum sogenannten ‚Gesprächskreis'" des AK Orga der Antipatriarchalen Männergrupe Jena. In: *Das schlechte Gewissen*, 05.12.2020. https://dasschlechtegewissen.noblogs.org/files/2021/04/2020-12-05-Reaktion-des-AK-Orga.pdf (Zugriff am 18.05.2022), S. 1. Zuerst veröffentlicht auf Telegram.

> gelten zu lassen und alles auf einen strukturellen Zusammenhang zu schieben.[131]

Was in solchen Fällen manifest hervorbricht, ist bei den meisten kritischen Männlichkeitsgruppen latent anwesend. Im Auge des Sturms des im dritten Kapitel besprochenen Kreisens um sich selbst stehen männliche Gewalt und (eigene) Täterschaft, mit denen eine wirkliche Auseinandersetzung tunlichst vermieden wird. Ich selbst war in gleich mehreren Zusammenhängen, die auch dann keine ernsthaftere Auseinandersetzung suchten, als klar war, dass Mitglieder in der Vergangenheit konkret übergriffig gewesen waren und dies nie wirklich aufgearbeitet hatten. (Hetero cis) Männer finden sich hier als melancholische Trauergemeinde ein, in der sie gemeinsam ihre Ambivalenzen bedauern, ohne ihnen jemals konkret auf den Grund zu gehen. Individualpsychologisch handelt es sich dabei um Ersatzhandlungen, also Aktivitäten an verschobener Stelle, die Gefühle und praktische Konsequenzen vermeiden, die sich sonst aufdrängen würden. Die ambivalente Passivität von linken Männern und ihre Institutionalisierung in den melancholischen Trauergemeinden des Profeminismus müssen jedoch ebenfalls als politische Praxis betrachtet werden: als struktureller Täterschutz. Denn wenn Männer dafür sorgen, dass sie sich nicht bewusst, organisiert und beständig mit Männlichkeit und Rape Culture auseinandersetzen müssen, schützen sie auch sich selbst und ihr eigenes Verhalten vor Kritik und zementieren den fehlenden Umgang mit männlicher Gewalt.

Das Jammern der Täter beschränkt sich also nicht nur auf (hetero cis) Männer, die aktuell Gewalt ausgeübt haben. Es ist bei ihnen aber besonders stark zu beobachten. Dass die betreffenden Männer zu einem Häufchen Elend zusammenfallen, wenn man sie mit ihrem Souveränitätsphantasma konfrontiert,

131 Falken Jena: Statement zur „Antipatriarchale Männergruppe Jena". In: *Das schlechte Gewissen*, 17.12.2020. https://dasschlechtegewissen.noblogs.org/files/2021/04/2020-12-17-2.-Kritik-Statement-der-Falken-zur-Antipat.-Mannergruppe.pdf (Zugriff am 18.05.2022), S. 3. Zuerst veröffentlicht auf Telegram.

hat zwar eine gewisse Berechtigung – es ist ja wirklich erbärmlich –, nur verwandeln sie diese faktische Erbärmlichkeit in eine demonstrative Erbarmungswürdigkeit, mit der Kritik abgeschwächt und verdreht werden kann. Dabei wird anderen stets in Aussicht gestellt, dass eine Verantwortungsübernahme kommen wird, sobald mann nur stabil genug wäre, um aus der eigenen Täterschaft wirklich Konsequenzen ziehen zu können – ein Versprechen, das besonders überzeugend wirkt, weil die Täter sich diese Deutung aus den oben genannten Gründen sogar selbst glauben. Die Veränderung kommt aber in der Regel nie. Stattdessen wird nur die grundlegende Frage hinter der Verantwortungsübernahme für Gewalt subtil verkehrt: Aus ‚Was muss ich tun, damit ich und andere nicht mehr so handeln (können)?' wird ‚Wie kann dafür gesorgt werden, dass ich nicht mehr so sein muss?'. Das bringt die Betroffenen der Gewalt (und potenziell alle anderen, die dem Täter nahestehen und / oder ein Interesse an seiner Verhaltensänderung haben) plötzlich in die Position, die Hauptverantwortung für die Transformation übernehmen zu müssen. Was oft folgt, ist der verzweifelte Versuch, doch noch zu den Männern durchzudringen und sie vor ihrem diffusen Leiden zu retten – ein Vorhaben, das gar nicht funktionieren kann, weil ebendieses Leiden der Rückzugsort des Täters ist.[132]

Ein Teil der Tätersubjektivität wird so mit anderen Mitteln fortgesetzt. Wieder werden Andere als Gegenüber negiert, die eigene, berechtigte Ansprüche an die Täter stellen können: zuerst durch Gewalt und nun, indem sie sich den Auswirkungen auf die Opfer und den Konsequenzen für sich selbst entziehen. Weil die Täter all das nach wie vor kaum als ihr eigenes Handeln wahrnehmen, verschiebt sich die Verantwortung besonders leicht auf andere. Dazu eine weitere Erfahrung von mir: In dem Jahr, in dem ein Genosse und ich versuchten, einen der vorhin erwähnten Täter, mit denen ich organisiert war, zu

132 Vgl. Gruppe besser als nix: Keine Sondertörtchen für Männlichkeit!, S. 216.

einer Verantwortungsübernahme zu bringen, spürte ich immer wieder starke Gefühle der Reue und Schuld. Als ob ich ihm nicht gerecht geworden wäre, weil ich es nicht schaffte, Empathie oder ein wirkliches Verständnis seiner Taten in ihm zu bewirken. Erst kurz vor dem Abbruch des Prozesses begriff ich, wie sehr ich darunter litt, mit der Bedeutung seiner Gewalt auf mich selbst zurückgeworfen zu sein – ein Effekt, dessen Bedeutung in der neueren Traumaforschung zu sexueller Gewalt immer mehr Aufmerksamkeit erfährt: „Am schlimmsten ist das Alleinsein danach".[133]

Der Punkt ist dabei nicht, mein Leiden mit dem Schmerz der unmittelbar Betroffenen gleichzusetzen, sondern zu zeigen, dass es das (Nicht-)Verhalten des Täters war, das mich in gewissen Aspekten in eine ähnliche Bedeutung und Position brachte. Denn die Dynamik vieler transformativer Prozesse – die Suche nach dem in sich verschwundenen Täter – kann psychoanalytisch als eine Form der (unbewussten) Re-Inszenierung der Gewaltkonstellation beschrieben werden: Wieder fühlen sich die Täter von den Ansprüchen anderer sowie den eigenen Ambivalenzen und Abwehrprozessen verfolgt und legen dies in einem unbewussten Akt der Übertragung projektiv in Andere, die dabei gleichzeitig als Gegenüber negiert werden. Diese Anderen wiederum neigen dazu, mit (ebenfalls unbewussten) Gegenübertragungen zu reagieren. Dabei steht man in der Gefahr, einerseits die bösartige Verfolgerrolle emotional anzunehmen, die einem der Täter zugeschrieben hat, während er andererseits seine frei flottierenden Gefühle der Hilflosigkeit, des Verlorenseins und der Schuld weiterreicht, sodass sie quasi stellvertretend für ihn erlebt werden.[134]

133 Christin Schörmann: Rezension zu: Gabriele Frick-Baer: Trauma – „Am schlimmsten ist das Alleinsein danach". Sexuelle Gewalt – wie Menschen die Zeit danach erleben und was beim Heilen hilft. Semnos Verlag (Neukirchen-Vluyn) 2013. In: *socialnet*, 16.02.2017. https://www.socialnet.de/rezensionen/22065.php (Zugriff am 06.06.2022).

134 Niedrigschwellig dargestellt hier: Yasemin Soytas: Übertragung/Gegenübertragung – Psychoanalyse praxisnah erklärt. In: *psylife*, 08.10.2019.

Nach (meist fehlgeschlagenen) Aufarbeitungsversuchen bleibt deshalb oft ein tiefes Gefühl des Scheiterns und der Schuld bei den Menschen zurück, die die Transformation bewirken wollten, während die Täter einen quasi-therapeutischen Service für ihre persönlichen Interessen aus der ganzen Sorge ziehen können: „Geil, die haben mir erlaubt, über meine Gefühle zu sprechen!"[135] Es handelt sich hier um eine Verkehrung, die sich insbesondere bei Frauen, die (regelmäßig) Gewalt durch ihre Partner erleben, in extremer und verdichteter Form abspielt: Nach dem Ausbruch der Aggression, folgt ein jammerndes In-Sich-Zusammenfallen, das manchmal sogar zur Folge hat, dass Frauen jene Männer trösten müssen, die sie kurz zuvor noch angegriffen haben. Teile der zweiten Frauenbewegung beschrieben dieses Phänomen als Umschuldung:

> *Wut* wird in *Mitleid* verwandelt. Die Gewalt und Verantwortungslosigkeit des Mannes wird zu einem psychischen Problem gemacht, das also nur seine Verletzlichkeit und Bedürftigkeit widerspiegelt, nicht aber eine Machtanmaßung der Frau gegenüber, die zurückgewiesen werden muß.[136]

Dabei sahen sie nicht nur eine Fortschreibung der weiblichen Sorgerolle und die darin enthaltene Tabuisierung von Aggression am Werk, sondern vor allem eine Ermächtigungsfantasie, die jedoch auf die reale Ohnmachtserfahrung gegenüber der männlichen Gewalt zurückzuführen ist: Der Vertrauensmissbrauch und das fehlende Verhältnis des Täters zu ihm sind so unerträglich, dass die abgespaltene ‚gute Version' von ihm als

https://psylife.de/magazin/psychotherapie/psychoanalyse-uebertragung-gegenuebertragung (Zugriff am 06.06.2022).

135 Gruppe besser als nix: Keine Sondertörtchen für Männlichkeit!, S. 220. Deshalb sollte transformative Arbeit nicht einfach von (persönlich involvierten) Laien betrieben werden, sondern mindestens begleitend zu einer professionellen Beratung/Therapie des Täters und einer eigenen Art von Supervision geschehen. Vgl. ebd., S. 210; Wilpert: Sanktionen allein helfen nicht.

136 Birgit Rommelspacher: Die Sucht zu sehr zu lieben. Die neue Krankheit der Frau? In: Dies. / Roswitha Burgard (Hrsg.): *LEIDEunLUST. Der Mythos vom weiblichen Masochismus*. Berlin: Orlanda-Frauenverlag 1989, S. 92–110, hier S. 100 (Herv. i. Orig.).

tragische Gestalt mit aufrechterhalten wird. Möglich ist diese Überlebensstrategie jedoch nur durch die umschuldende Fantasie, dass man es selbst in der Hand hatte und hätte, die Gewalt auszulösen oder zu verhindern. Viele Opfer von männlicher Gewalt brauchen in der Regel viel Zeit und meistens professionelle Hilfe, um dieses internalisierte und unbewusste Victim Blaming aufarbeiten zu können. Denn dafür muss man die schreckliche Erkenntnis an sich heranlassen können, dass es die Täter waren, die die Gewalt mit ihrem Willen, ihrer Lust und in ihrem Interesse durchgesetzt haben, und dass es die Täter sind, die über ihre Weigerung, daraus Konsequenzen zu ziehen, ihre Opfer mit den Folgen, der Bedeutung und der ständigen Drohung einer Wiederholung ihrer Gewalt allein lassen.

Ein Verständnis dieser Dynamiken ist nicht nur essenziell für die Diskussionen um den Umgang mit Tätern,[137] sondern allgemeiner für ein politisches Verhältnis zu Männlichkeit. Denn es sind Elemente genau dieser Fassungslosigkeit vor der Realität männlicher Gewalt, die in den hier diskutierten profeministischen Ansätzen systematisch ausgeblendet und überspielt werden; was dazu führt, dass die eigene verdrängte Ohnmacht die Analyse und Praxis heimsucht.

5. Profeministischer Optimismus als verleugnete Resignation

An dem (sexual-)pädagogischen Optimismus vieler profeministischer Ansätze lässt sich der Umschlag von Verzweiflung in Machbarkeitsfantasien besonders gut zeigen. Im *Boykott*-Magazin z. B. geschieht dies nahezu in Echtzeit: Dort schreibt Ulla Wittenzellner, die eine Hälfte der Redaktion, über

137 Anhand einer konkreten Kritik an Respons und Malzahn bei Ashley Memo: „Was können wir tun, damit du es nicht wieder tust?“ Linke Täterarbeits-Konzepte tendieren zu Schuldumkehr zulasten der Betroffenen. In: *analyse & kritik* 692 (2023). https://www.akweb.de/bewegung/linke-taeterarbeit-konzepte-schuldumkehr-maennlichkeit/ (Zugriff am 25.04.2023); allgemeiner bei Bilke Schnibbe: Nutzlose Täterarbeit in linken Gruppen. In: *Jungle World*, 11.06.2020. https://jungle.world/artikel/2020/24/nutzlose-taeterarbeit-linken-gruppen (Zugriff am 16.05.2022).

Abwertung, Sexismus und Angriffe beim Flirten mit (höchstwahrscheinlich hetero cis) Männern.[138] (Cis) Männer in ihrem linken Umfeld würden so ein Verhalten verurteilen, hätten aber solche Angst, doch selbst übergriffig zu sein, dass sie das Flirten lieber ganz bleiben ließen. Eine Hilflosigkeit, von der Wittenzellner äußerst irritiert ist, weil es eigentlich doch ganz einfach wäre: „Sei einfach kein egoistischer Creep! Nimm die angeflirtete Person wahr! Es ist mir fast peinlich, das hier schreiben zu müssen."[139] Doch auf Wittenzellners Feststellung ihrer Beschämung durch die entwürdigende und unerträgliche Situation, in die sie von Männern gebracht wird, folgt keine Tirade gegen das Ausmaß männlicher Gewalt oder die wütende Aufforderung an die eigenen Freunde und andere (cis) Männer, sich mal zu fragen, was ihre ambivalente Passivität über sie aussagt, wenn sie sich nicht zutrauen, eigene Übergriffigkeit zu verhindern oder überhaupt wahrzunehmen. Stattdessen nehmen Wittenzellner und allgemeiner das Magazin die Verantwortung auf sich, diesen Männern nicht-übergriffiges Flirten beizubringen, wie kleinen Jungs, die nie gelernt haben, dass man nach dem Sandkasten-Bagger auch fragen kann und nicht sofort zuschlagen muss. Das sei offensichtlich „leider notwendig".[140] Wittenzellners ‚Das kann doch nicht so schwer sein!' bleibt also erhalten. Doch plötzlich wird damit keine Fassungslosigkeit mehr ausgedrückt, sondern das genaue Gegenteil: Die optimistische Gewissheit, dass sich alles mit ein bisschen Nachhilfe auflösen wird. Die Ahnung der Abgründe, die hinter dem fehlenden Verhältnis von (hetero cis) Männern zu (ihrer) Täterschaft warten, die Angst vor den Konsequenzen, die man daraus eigentlich ziehen müsste, und das Wissen darum, welche enormen emotionalen, zeitlichen und weiteren *Kosten* eine*n dann höchst wahrscheinlich erwarten, werden so verleugnet und positiv umgedeutet.

138 Wittenzellner: Nices Flirten!?, S. 68.
139 Ebd.
140 Ebd.

> Er hingegen wird dies [die infantilisierende Sorge, K.P.] nur solange dulden, wie diese Bemühungen sein Selbstkonzept nicht untergraben, dann aber wird er sich entziehen, und somit wird der Kampf aussichtslos.[141]

Bei der feministischen Ikone bell hooks, deren Schriften über Männlichkeit aktuell wiederentdeckt werden, heißt es:

> Die Krise, mit der Männer konfrontiert sind, ist keine Krise der Männlichkeit, sondern eine Krise der patriarchalen Männlichkeit. Wenn wir diesen Unterschied nicht deutlich machen, werden Männer weiterhin jede Kritik am Patriarchat als bedrohlich empfinden.[142]

Doch feministische Kritik, die da aufhört, wo Männer sich bedroht fühlen, kann keine sein. Denn Männer akzeptieren feministische Kritik höchstens dann, wenn diese angenehm prickelt, keine, die wirklich wehtut, und schon gar nicht solche, die die Macht hätte, sie auch dann zu einer Veränderung zu bringen, wenn es ihnen gerade nicht genehm ist. Gerade diese Macht ist aber aktuell kaum vorhanden, und das wissen auch Profeminist*innen ganz genau. Wie so oft entpuppt sich demonstrative Positivität als Ausdruck tiefster Resignation. Jack Urwin spricht das auch ganz offen (und schamlos) aus. Er bedauert mehrfach, dass die allermeisten Männer sich einfach nicht dafür interessieren, welche negativen Konsequenzen das Patriarchat und (ihre) Männlichkeit für andere haben. Daran sei aber nichts zu ändern: „Und in meinen Augen ist das Richtige aus den falschen Gründen zu tun, viel besser als gar nichts zu tun“[143].

Die von mir kritisierten Ansätze sind deshalb weder das einfache Ergebnis links-liberaler Ideologien noch ein direkter Ausdruck der individuellen Betroffenheit oder Position der entsprechenden Autor*innen, sondern müssen vor allem als politstrategische Entscheidungen ernst genommen werden. Man will möglichst anschlussfähig sein und erwartet (vollkommen zu Recht!), dass

141 Rommelspacher: Die Sucht zu sehr zu lieben, S. 99.

142 bell hooks: *The Will to Change. Men, Masculinity, and Love*. New York: Atria 2004, S. 32 (Übers. K.P.).

143 Urwin: *Boys Don't Cry*, S. 215.

das scheue Reh linker (cis hetero) Mann gar nicht erst kommen oder sofort wieder (innerlich) aussteigen wird, wenn ihm die Kritik nicht mehr pädagogisch / therapeutisch wertvoll genug erscheint. Die gut begründete Angst davor, die „Furcht linker Männer vor den Feministinnen"[144] zu provozieren und sich mit all ihren projektiven Folgen herumschlagen zu müssen, lässt immer wieder die Idee entstehen, man könnte das alles einfach umgehen, wenn man den Männern nur ihre irrationalen Bedrohungsgefühle nimmt. Die Projektionen des männlichen Souveränitätsphantasmas sind aber untrennbar verknüpft mit der Angst vor weiblicher bzw. feministischer Macht und Autonomie und damit dem Ende der eigenen Vorherrschaft und herrschaftlichen Ignoranz. Und diese Ängste kann man Männern nicht nehmen, weil es eine der vornehmlichsten Aufgaben des Feminismus ist, sie wahr werden zu lassen.

Die positiv-pädagogische Sorge um die Sexualität des Mannes und das melancholische Seelenleben der (potenziellen) Täter sind Ausdruck und Folgen einer faktischen männlichen Vorherrschaft. Mit dieser ist kein Burgfrieden zu schließen. Sie muss aktiv und organisiert gebrochen werden. Ich muss dafür nicht daran glauben, dass Männer sich verändern können, um einen Genossen zu zitieren, ich weiß, dass sie es können, wenn sie es wollen und ihnen dafür andere Bedingungen gesetzt werden. Der Kampf um diese Bedingungen muss auf zwei Ebenen stattfinden. Erstens, als Kampf gegen die gesellschaftliche Grundlage von männlicher Gewalt. Was nichts anderes heißt, als den relativen Abbau von patriarchaler Macht so weit es geht voranzutreiben und dabei gleichzeitig auf das klassische Ziel des revolutionären Feminismus hinzuarbeiten: Einer sozialen (Re-)Produktion des menschlichen (Zusammen-)Lebens, die sich von

144 Genial analysiert bei Jeja Klein: Die Furcht linker Männer vor den Feministinnen.

der bürgerlichen Kleinfamilie, der versachlichten Herrschaft des Kapitals und der Gewalt des Staates befreit hätte.[145] Denn:

> All die genannten Aspekte können aber nur – wenn auch notwendige – Elendsverwaltung bleiben, solange die patriarchalen Verhältnisse entsprechendes Verhalten begünstigen und reproduzieren.[146]

Genau deshalb muss die wirkliche Bewegung, welche den jetzigen Zustand aufhebt, sich aber auch selbst in den Blick nehmen. Weshalb es, zweitens, um den feministischen Druck geht, der auch innerhalb der Kräfte, die für eine befreite Gesellschaft streiten, auf Männlichkeit und Männer aufgebaut werden kann. Also die Bedingungen, die man sich selbst im Kampf um Emanzipation geben und auch gegen Widerstand halten kann.
Die allermeisten linken (hetero cis) Männer, selbst jene, die die Ziele des revolutionären Feminismus ideell teilen oder sogar praktisch vertreten wollen, ruhen sich darauf aus, dass es kaum Kräfte gibt, die wirklich in der Lage wären, ihre herrschaftliche Dominanz und Ignoranz organisiert anzugreifen. Besonders die Beschäftigung mit männlicher Gewalt hat gezeigt, wie profeministische Ansätze dies als Ausgangslage hinnehmen, rationalisieren oder gleich per passivem, aktivem und strukturellem Täterschutz weiter aufrechterhalten. Deshalb gilt es, diesen Zustand zu beenden und Männlichkeitskritik als feministische Macht zu organisieren. Männlichkeit muss man dafür weder erkunden noch umsorgen oder gar stärken. Stattdessen sollte Männlichkeit organisiert und institutionalisiert zum konkreten Problem gemacht werden, zu dem vor allem die real existierenden Männer ein bewusstes und politisches Verhältnis einnehmen müssen.

145 Vgl. Andrea Trumann: Das Bedürfnis nach Gleichheit. Eine Kritik der bürgerlichen Frauenbewegung. In: *Outside the Box* 1 (2009). https://outside-mag.de/issues/1/posts/47 (Zugriff am 23.09.2022).

146 e*space, Dresden: Unterschiedliche Bedürfnisse anerkennen. Forderung nach einer dauerhaften Beschäftigung mit sexualisierter Gewalt. In: *Jungle World*, 25.06.2020. https://jungle.world/artikel/2020/26/unterschiedliche-beduerfnisse-anerkennen (Zugriff am 20.05.2022).

V
Auf zu neuen Taten …

Bedingungen und Möglichkeiten einer organisierten Männlichkeitskritik

> Wir wollen mit dieser Kolumne andere Männer anregen und motivieren, sich der Auseinandersetzung mit der eigenen Männlichkeit zu stellen. Wir wollen aufzeigen, dass es sinnvoll ist, sich mit der eigenen Machtposition und den dazugehörigen Verhaltensweisen auseinanderzusetzen. Und dass es auch gut tun kann, den Menschen um uns herum, aber auch direkt uns selbst. […] Wir selbst als Männer kamen nicht eigenständig auf die Idee, die Geschlechterverhältnisse in unserer Polit-Gruppe zu bearbeiten. […] Mit dieser fehlenden Initiative stehen wir nicht alleine […] Auch bei uns muss sich eine Stetigkeit noch erweisen.[147]
>
> Aus der als Reihe geplanten Rubrik „Neulich in der Männergruppe" im *Boykott Magazin* 1, die schon in *Boykott* 2 (mit dem Hefttitel *Scheitern*) ohne Kommentar oder Einordnung von einer ganz anderen Gruppe und Praxis handelt.

1. Von der *Geschmacksfrage* zur organisierten Männlichkeitskritik

Der heutige Profeminismus ist eine Begleiterscheinung der neu erstarkten feministischen Bewegung seit Mitte der 2010er Jahre. Er reagiert (in-)direkt auf große (eher bürgerliche) Sexismus-Debatten aus den Industrienationen – wie #MeToo – genauso wie auf die neu entflammte sozialistische Tradition des Frauenstreiks bzw. feministischen Streiks zum 8. März. Von besonderer Bedeutung sind die in diesem Kontext geführten internationalen Kämpfe für Selbstbestimmungsgesetze und gegen Abtreibungskontrollen sowie Femizide, die vor allem in Lateinamerika zu weltweit inspirierenden Massenbewegungen

147 Neulich in der Männergruppe. In: *Boykott Magazin* 1 (2021). https://www.boykott-magazin.de/artikel/neulich-in-der-m%C3%A4nnergruppe/ (Zugriff am 21.06.2022).

geführt haben.[148] Im besten Fall würde profeministische Politik diese Bewegung unterstützen und weitertragen. In der Realität hingegen zeigt sich die heutige Praxis allzu oft als Ausweichbewegung und harmonisierende Verwaltung von feministischer Kritik. Denn bei genauerem Hinsehen erweist sich der aktuelle Stand des Profeminismus nicht nur als ein Ergebnis neuer feministischer Erfolge, sondern auch als Erbe einer vergessenen historischen Niederlage.

Die 1970er und 80er Jahre waren geprägt von der enormen Kraft und Breite des Feminismus der Zweiten Welle, die das kritische Aufgreifen von Männlichkeit nicht nur provozierte, sondern machtvoll einforderte. Im 6. *Männerrundbrief* von 1995 blickt ein cis Mann auf seine sechsjährige Praxis in einer Männergruppe zurück und berichtet von den damaligen Umständen in der deutschen autonomen Szene. Es habe allgegenwärtige Kritik an Mackerverhalten und der Männerbündelei in den politischen Gruppen gegeben, doch das allein habe nicht gereicht.

> Hinzu kamen aber noch konkrete ‚*Sanktionen*': (angedrohter) Liebesentzug / Beziehungsbruch durch die Frau, Ausstieg der Frauen aus der gemischten Politgruppe und damit Abbruch des bisherigen Projektes und zusätzlich als Besonderheit um 1987/88 herum ein Ausstieg von Frauen aus der gemischten autonomen Szene in fast bundesweiter Dimension.[149]

Absolut entscheidend hierfür war die feministische Skandalisierung von männlicher Gewalt, die in den 1980er Jahren ihre Hochzeit erlebte.[150] Die auch damals in der Linken verbreitete, vor allem sexuelle Gewalt von (heterosexuellen) cis Männern

148 Vgl. Verónica Gago / Raquel Gutiérrez Aguilar / Susana Draper / Mariana Menéndez Díaz et al.: 8M. Der große feministische Streik. Konstellationen des 8. März, aus d. Span. v. Michael Grieder / Gerald Raunig. In: *transversal*, 2018. https://transversal.at/media/8M.pdf (Zugriff am 27.05.2022); Edson Hurtado: *Gay sein in Zeiten des Evo Morales. Erlebnisse der LGBT-Community in Bolivien*, aus d. Span. v. Swintha Danielsen / Elif Yücel. Münster: edition assemblage 2018.

149 N.N.: Eine kleine Männer-Geschichte, S. 17 (Herv. K.P.).

150 Kadritzke: Bewegte Männer, S. 237.

konnte von diesen damals wesentlich schlechter ignoriert werden, als dies heute der Fall ist. Gerade in autonomen Kontexten setzten Feminist*innen eine Auseinandersetzung der cis Männer als Bedingung für die weitere gemeinsame Praxis und drohten mit Widerstand, Spaltung und stellenweise handfesten Angriffen, falls dies nicht geschehen sollte.[151] Diese Sanktionen und der organisierte feministische Druck waren keine Absage an solidarische Bündnisse mit allen Geschlechtern, sondern die konsequente Einforderung ihrer Voraussetzung. Die Erkenntnis von damals glich dem, was die in der Einleitung zitierten Feminist*innen der Revolutionären Jugendgruppe Bern 2020 erneut feststellten: Linke (hetero cis) Männer sind meist gar nicht in der Lage, emanzipatorische Politik in allgemeinen Organisationsformen zu machen, wenn sie zu ihren partikularen Themen (Männlichkeit, Männerbünde, Täterschaft) kein politisches Verhältnis haben.

Diese Teilerfolge der Zweiten Welle waren leider weder flächendeckend für die gesamte Linke noch von großer Langlebigkeit. Das Phänomen von „Pseudo-Gruppen"[152] mit einer profeministischen Ersatzhandlungspraxis, die nach einer „Schamfrist" [153] wieder zum linken Szenealltag zurückkehrte, war auch damals die verbreitetste Form des Profeminismus. Hier scheint sich das auch heute noch vertretene Ressentiment gegen konfrontative feministische Kritik zu bestätigen: Sie fühle sich zwar kämpferisch und gut an, funktioniere aber einfach nicht (nachhaltig) und sei deswegen falsch.[154] Spannenderweise wurden damals andere Schlüsse gezogen:

151 Ebd.

152 N.N.: Eine kleine Männer-Geschichte, S. 18.

153 Ebd.

154 Vgl. Rehzi Malzahn in: MONAliesA: Keine sicheren Räume?! „Fight Law and Order"? – Und wie wehren wir uns gegen sexistische Gewalt? In: *Mixcloud*, 2021. https://www.mixcloud.com/MONAliesA_Leipzig/keine-sicheren-r%C3%A4ume-fight-law-and-order-und-wie-wehren-wir-uns-gegen-sexistische-gewalt/ (Zugriff am 27.05.2022), 00:53:00–00:54:30 min.

> Es gibt keine antipatriarchale Öffentlichkeit. keine Diskussion. keine ,Kontrolle', kein Forum von Kritik und Selbstkritik [...] und Ziel von antipatriarchaler Männerorganisierung muß sein, *Druck, Gegenmacht und ,Sanktionsformen'* zu entwickeln, die verhindern, daß sich Männer einfach so wieder ins Patriarchat hineinstehlen können.[155]

Doch dieser Versuch scheiterte. In den 1990er Jahren kam die Zweite Welle des Feminismus zum Erliegen, die sowieso marginalen Formen der antisexistischen Organisierung von cis Männern folgten etwas später und läuteten das Verschwinden und Vergessen dieser Ansätze für fast 15 Jahre ein. Ein Niedergang, den der damalige Aktivist schon kommen sah, denn: „,Befreiung vom Patriarchat' ist aus [cis] Männersicht zunächst eine ,Geschmacksfrage'"[156].

Es ist dieser Zustand, der heute nicht mehr kritisiert, sondern sogar von Feminist*innen hingenommen wird, wenn sie die Geschmacksfrage positiv beantworten wollen – mit allerlei Versuchen, (cis) Männern den Feminismus schmackhaft zu machen; sei es, indem ihnen ihre Vorteile vorgerechnet werden oder indem sich pädagogisch-infantilisierend um ihre Ambivalenzen gesorgt werden soll. Angesichts der heutigen Marginalität der Linken und der stabilen männlichen Dominanz in ihr ist es in den allermeisten Fällen undenkbar geworden, eine konsequente und organisierte Konfrontation mit Männlichkeit von vor allem cis Männern einzufordern. Viele feministische Positionen zu Männlichkeit – vor allem jene zu männlicher Gewalt – sind der theoretische Ausdruck dieser praktischen Unvorstellbarkeit.[157] Genau der Zustand, der damals als zu behebende Katastrophe skandalisiert wurde, wird so feministisch rationalisiert und profeministisch verwaltet. Denn das historische Scheitern der feministischen Konfrontation mit männlicher Vorherrschaft bildet die Basis des heutigen Profeminismus, die er nicht in Frage stellt, sondern aktiv weiter aufrechterhält.

155 N.N.: Eine kleine Männer-Geschichte, S. 18 (Herv. K.P.)

156 Ebd.

157 Siehe Kap. IV.5 „Profeministischer Optimismus als verleugnete Resignation".

Aktuelle Debatten und Versuche der Praxis müssen also auch vor dem Hintergrund eines innerlinken Kräfteverhältnisses begriffen werden: als dessen Ausdruck, Herausforderung und Verteidigung. Denn die allermeisten (cis) Männer haben ein manifestes Interesse daran, ihre herrschaftlich ignorante Position mit passivem und aktivem Widerstand aufrechtzuerhalten. Darauf einzugehen muss heißen, nicht nur die Theorie, sondern auch die Praxis zu Männlichkeit rein negativ auszurichten; hin zu einer organisierten Männlichkeitskritik, die Männlichkeit als zu bekämpfendes Problem ernst nimmt und konsequent gegen sie vorgeht. Dafür müsste auch der verlorene Strang der Zweiten Welle auf der Höhe der Zeit wiederaufgenommen werden, um für Zustände zu kämpfen, in denen der feministische Druck auf Männlichkeit auch innerhalb der Linken aufrechterhalten wird.

2. Organisierter Anspruch und Konfrontation

Es ist also theoretisch und empirisch gut begründbar, (cis) Männern in feministischen Sachen erstmal nicht zu vertrauen, weil sie sich selbst dann als verlässliche oder auch nur kritikfähige Gegenüber entziehen, wenn sie sich profeministisch engagieren. Daraus folgt nicht, dass eine feministische Bewegung ihnen wie trotzigen Kindern hinterherzurennen hätte, sondern die Notwendigkeit, autonome feministische Macht aufzubauen, die sich möglichst unabhängig von den verschiedenen Formen männlicher Identitätspolitik machen kann. Unabdingbar dafür wäre eine organisierte Männlichkeitskritik, die, erstens, insbesondere (cis) Männer als solidarische Genossen mit einem geteilten antipatriarchalen Anspruch ernst nimmt; und, zweitens, eine Gegenmacht aufbaut, die diesen Anspruch effektiv setzt und in der Lage ist, Konsequenzen zu ziehen (Konfrontation, Sanktionen, Ausschlüsse, Spaltungen), wenn dies ausbleibt.

Der männlich dominierten Linken, vor allem dem, was sich als Szene darstellt, geht genau das jedoch nahezu vollständig ab. Vorausgesetzt wird hier – wenn überhaupt – nur das moralische Bekenntnis zum Antisexismus. Kommt es dann zu den üblichen Problemen erscheint das vor allem als persönliches Drama oder noch schlimmer: als biografische Tragik der einzelnen Männer. Durch die fehlende kollektive Macht und Routine in der Konfrontation mit Männlichkeit bleibt oft nur noch der moralische Anspruch, der die relevanten persönlichen Verstrickungen und Emotionen aller Beteiligten jedoch schnell überfrachtet – ein Effekt, den (übergriffige) Männer besonders gern für sich nutzen, um in Selbstmitleid zu verschwinden und ihre passive Ambivalenz anderen aufzubürden.[158] Auch deshalb wird gerade auf Übergriffe so oft mit sozialarbeiterischen Rettungsversuchen reagiert: Es soll verhindert werden, dass ein Mitglied der eigenen Gemeinschaft ‚der Guten' verloren geht. Konfrontation, Sanktionen und Ausschlüsse sind aber weder pädagogische Maßnahmen noch moralistische Richtersprüche, die böse Menschen für ihre Sünden bestrafen sollen, sondern vom Standpunkt eines gesetzten feministischen Anspruchs schlicht Konsequenzen, wenn dieser Anspruch verweigert oder praktisch verletzt wird.

Bei Männlichkeitskritik als organisiertem kollektiven Anspruch geht es gerade nicht um eine Gesinnungsprüfung, sondern um das Etablieren von notwendigen Voraussetzungen für einen gemeinsamen Kampf. Aus der bitteren Erkenntnis, dass diese in der Regel vor allem bei (cis) Männern nicht vorhanden sind, folgt nicht, dass man sich dann eben nur noch mit ‚den Guten' zusammentut, die ‚sich reflektiert' haben, sondern eine Haltung, die nicht mehr hinnimmt, wenn diese Notwendigkeit verkannt oder unterlaufen wird. Das würde besonders für ebenjene Männer setzen, dass diese bereit sind, sich Männlichkeitskritik (immer wieder) anzueignen und aufrechtzuerhalten, um eine solidarische Praxis überhaupt zu ermöglichen. Ein Beispiel, was das heißen könnte, zeigt sich in der kurdischen Bewegung, die spätestens seit den 1990er Jahren eine feministische

158 Vgl. Schnibbe: Nutzlose Täterarbeit in linken Gruppen; Kap. IV.4 „Das Jammern der Täter".

Revolution als höchsten Maßstab für sich bestimmte und daraus männlichkeitskritische Konsequenzen zog. Losungen wie „Das Töten des Mannes ist das Grundprinzip des Sozialismus“[159] stehen hier nicht einfach nur für einen individuellen Anspruch der bewegten Männer an sich selbst, sondern für umfassende Standards der Auseinandersetzung und Organisierung. Diese werden dort vor allem durch ausführliche Programme der Bildung und (Selbst-)Kritik sowie autonome Frauenstrukturen auf politischer, ökonomischer und militärischer Ebene durchgesetzt.[160] Selbst wenn die hiesige Linke auch nur ansatzweise diese gesellschaftliche Relevanz und Macht hätte, wäre der kurdische Ansatz nicht umstandslos übertragbar. Man muss ihm aber noch nicht einmal für sich genommen folgen,[161] um zu erahnen, was es auch hier für einen Unterschied machen würde, wenn wieder versucht würde, die Einordnung kollektiv gesetzter Voraussetzungen als Geschmacksfrage zu verhindern.

Dass die Effekte dessen bis in das vermeintlich Privateste reichen würden, dokumentiert wiederum der klassische Erfahrungsroman der zweiten Frauenbewegung, der *Tod des Märchenprinzen* von 1983. In diesem berichtet die im Kommunistischen Bund (KB) organisierte Svende Merian von dem patriarchalen Elend in ihrer Liebesbeziehung zu einem „unmännlichen Mann“, dem Autonomen „Arne“. An einer Stelle setzt die Autorin die Möglichkeit, bestimmte Konflikte besser oder überhaupt führen zu können, dabei auch in eine direkte Verbindung mit dem feministischen Organisationsgrad von cis Männern:

159 Abdullah Öcalan zit. n. Andrea Wolf Institut der Jineolojî-Akademie: Den dominanten Mann töten und verändern. In: *Jineolojî*, 2021. https://jineoloji.org/de/wp-content/uploads/2021/07/Den-dominanten-Mann-toeten-und-veraendern.pdf (Zugriff am 29.09.2022), S. 40.

160 Vgl. ebd., S. 48–54.

161 Anlass für meine Skepsis sind z. B. die Einschränkung, dass es dann doch ‚nur‘ um den dominanten Mann geht, oder das im Bildungsideal aufscheinende Kurzschließen von Persönlichkeitsentwicklung und dem Aufgehen in der Bewegung. Vgl. ebd.

> Daß jeder KB-Genosse in seiner Grundeinheit Frauenthemen mitdiskutieren mußte. [...] Und das bloß nicht einmal. Und das ‚mein Autonomer' [nur][...] vielleicht nach'm Termin in der Kneipe auch mal was von der Frauenfrage hört. Aber nie so kontinuierlich und organisiert von den Genossinnen damit konfrontiert worden ist wie die Genossen im KB [...] Für mich macht das wieder deutlich, daß grade wir Frauen zur Durchsetzung unserer Interessen alles andere als ‚autonome Strukturen' in der linken Bewegung gebrauchen können.[162]

Eine ‚Grundeinheit' mit ‚Frauenthemen' war sicher auch damals nur ein Tropfen auf den heißen Stein und wirkt heute eher antiquiert; eine besonders für cis Männer obligatorische Auseinandersetzung mit männlicher Herrschaft und Gewalt ist jedoch so aktuell wie eh und je. Jede Form der politischen Organisation muss sich dabei die Frage gefallen lassen, wie sie Männlichkeit zum Thema macht und praktisch aufgreift, und jeder (cis) Mann steht in seinem Verhältnis dazu grundsätzlich infrage. In der aktuellen Situation wird dies notwendigerweise Konfrontationen nach sich ziehen, die die katastrophalen Zustände der männlichen Abwehr, antifeministischen Ressentiments und pseudo-feministischen Ersatzpraxen, die Thema dieses Essays waren, noch sicht- und spürbarer machen werden. Die erschütternde Marginalität von Feminist*innen auch innerhalb der Linken wäre damit noch lange nicht beendet, aber würde wenigstens offen zu Tage treten, was es wiederum ermöglicht, praktische Konsequenzen zu ziehen – je nach Kräfteverhältnis etwa das Umstrukturieren, Verlassen, Auflösen oder Übernehmen von Zusammenhängen.

Wenn (cis) Männer darin nicht reaktionär im doppelten Sinne sein wollen, müssen sie bereit sein, männerbündischen Strukturen und ihrer herrschaftlichen Ignoranz in den Rücken zu fallen. Dafür müssten sie jedoch auch selbst feministische Ansprüche vertreten und leidenschaftlich gegen Anpassungs- und Abwehrtendenzen von (cis) Männern vorgehen. Denn die emanzipatorischen Kämpfe von Feminist*innen

162 Svende Merian: *Der Tod des Märchenprinzen*. Hamburg: Rowohlt 1983, S. 55–56 (Herv. K.P.).

> bedürfen nicht so sehr der männlichen Genossen, die sich für ihre Freunde halten, als der männlichen Genossen, die bereit sind, zum Feind des Mannes zu werden.[163]

3. Kritik und Begehren

Das Als-Ob der männlichen Souveränität wird in männerbündischen Strukturen zusammen verwirklicht und stabilisiert, in dem mann den männlichen Anderen abgegrenzt für sich lässt. Diese Verweigerung des In-Beziehung-Stehens soll den Subjektstatus des Gegenübers aber nicht negieren, sondern dient gerade dazu, sich gegenseitig als Subjekte gewähren zu lassen. Der männliche Respekt und die kumpelhafte Sympathie basieren immer schon auf der unausgesprochenen Verbindlichkeit, dass man(n) sich nicht zu nahe treten will und wird. Dieses Verhältnis löst durchaus Leiden aus und die meisten Männer haben eine lange Geschichte der inneren Vereinsamung, Enttäuschung und Demütigung mit anderen Männern hinter sich. Ein Großteil des Maskulinismus basiert auf dem Bedürfnis, Vertrautheit und Emotionalität unter Männern zu kultivieren, ohne dabei ihre patriarchale Souveränität anzutasten. Im Profeminismus zeigt sich eine ähnliche Dynamik im unvermittelten Verlangen nach Intimität unter Männern, womit dann meist nur Harmonie oder das kollektive Bedauern in der melancholischen Trauergemeinde gemeint sind. Wieder steht ein Dysfunktionieren der männlichen Souveränität im Mittelpunkt, das nicht kritisch aufgearbeitet, sondern nur befriedet werden soll.

Stattdessen müsste es darum gehen, die Gefühle der Angst, des Frusts und der Enttäuschung nicht zu vermeiden, sondern gerade zu provozieren; aber nicht als Wert an sich, sondern als Konsequenz des Einforderns von Männlichkeitskritik: Wenn z. B. ein anderer hetero cis Mann betreten in sich selbst versinkt und flehende Blicke in den Raum wirft, weil er mit seinem Sexismus

163 Ingrid Strobl: Die Angst vor den Frösten der Freiheit In: Dies./Klaus Viehmann/ GenossInnen autonome l.u.p.u.s.-Gruppe: *Drei zu Eins* [1990]. Berlin: ID 2001, S. 2–10, hier S. 9. https://archiv-kiel.de/hausdruck/pdf/3zu1.pdf (Zugriff am 26.05.2022).

konfrontiert wird, geht mich das etwas an. Aber nicht einfach abstrakt als *ally*, der männliche Abwehr politisch ablehnt und sich verpflichtet fühlt, dagegen vorzugehen. Im männerbündischen Agieren werde ich immer auch zum Mann gemacht, der unausgesprochen (und unbewusst) dazu aufgefordert wird, Verständnis zu zeigen und mitzuleiden; ein Geschlechtsgenosse, auf dessen Anteile vertraut wird, die ähnlich fühlen und am liebsten genau so handeln würden. Und ich will nicht in dieser Lage sein! Ich will nicht, dass das andere Männer (mit mir) tun! Sogar besonders dann, wenn sie darin tatsächlich etwas in mir treffen.

Die Angst, enttäuscht zu werden, wenn ich das formuliere, mit dem eigenen Leiden und Sehnsüchten allein zu bleiben, weil man Männer als Gegenüber verliert, sobald es zu nah und kritisch wird, ist allzu berechtigt. Doch gerade das Aufbegehren gegen diese Mischung aus Komplizenschaft und der kalten Einsamkeit, die spürbar wird, sobald sie durchbrochen werden soll, könnte zum Ausgangspunkt werden. Dass auch feministisch ambitioniertere (cis) Männer diese Intimität der Kritik so stark wie möglich vermeiden und entweder in den profeministischen Männerbund einsteigen oder andersherum alles nur abstrakt-politisch halten, hat System: Man(n) will auf keinen Fall in die Position kommen, in der sich sonst nur Feminist*innen und/oder Menschen wiederfinden, die das Pech haben, Männer zu begehren: Nämlich leidenschaftlich etwas von ihnen zu wollen und ihnen deshalb in diesem Verlangen nahezutreten und verletzlich vor ihnen zu werden.

Auch der emotionale Gehalt der Männlichkeitskritik findet sich somit nicht im mysteriösen Inneren der Männlichkeit selbst, sondern in ihrem Widerspruch zur feministischen Sehnsucht nach antipatriarchaler Emanzipation:

> Offen ist dieses Projekt, weil Männlichkeitskritik keine neuen Männerbilder entwirft. Männlichkeitskritik bezieht ihre Kraft nicht aus der ‚Krise von Männlichkeit', sondern aus der Lust auf ein anderes Begehren.[164]

164 Edgar J. Forster: Jungenarbeit als Männlichkeitskritik. In: *Kofra. Zeitschrift für Feminismus und Arbeit* 96 (2002). http://www.kofra.de/htm/Zeitung/kofra096.pdf (Zugriff am 13.06.2022), S. 3–15, hier S. 14.

Für den Grad und die Form der daraus folgenden Konfrontation macht es natürlich einen riesigen Unterschied, ob und wie dieses Verlangen geteilt wird. Offenen Antifeminist*innen kann und muss anders begegnet werden als dem unpolitischen Onkel, irgendwelchen linken (cis) Männern oder den eigenen Genossen. An dieser Differenz des gemeinsamen Anspruchs entscheidet sich letztlich die Frage, ob feministische Kämpfe mit- oder gegeneinander ausgetragen werden müssen.
Die wohl üblichste Form von profeministischer Organisation, das Zusammenkommen von cis Männern, die irgendwo, irgendwie politisch aktiv sind und (ihre) Männlichkeit reflektieren wollen, blendet jedoch schon die Frage danach aus, weil sie dort aufhört, wo Konfrontation beginnen müsste. Die organisatorische und thematische Offenheit zeigt sich immer wieder als eine für männliche Ersatzhandlungen und maskulinistische Verschiebungen. ‚Die Leute da abholen, wo sie stehen' muss bei männlichkeitskritischer Praxis aber heißen, dass die Abwehr und Verstrickung der Beteiligten angegangen wird, statt sich dieser anzupassen oder diese vorwegnehmend umgehen zu wollen. Denn eine solidarische Praxis mit / von (cis) Männern ist überhaupt nur vorstellbar, wo aufgehört würde, diese Praxis *für* Männer zu betreiben, um sie konsequent in Inhalt und Form gegen Männlichkeit zu richten.

4. … Männlichkeit verraten!

Solange die Auseinandersetzung mit Männlichkeit isoliert von feministischen Kämpfen und der Frage nach der konkreten Rolle von Männern darin stattfindet, bleibt sie etwas, das Männer mit zweifelhaften Motiven tun und lassen können, wie es ihnen beliebt. Das zeigt sich nicht zuletzt in dem immer wiederkehrenden Bedürfnis, eine allgemeine profeministische Praxis *der* Männer zu entwickeln: Selbst dort, wo die Funktion scheinbar offensichtlich ist, wie bei Cis-Männer-Unterstützungsgruppen von feministischen Streikbündnissen, entwickeln sich immer wieder diffuse Ambitionen, möglichst viele linke (cis) Männer zu erreichen, um mit ihnen das allgemeine

Verhältnis von Männlichkeit und Feminismus, (cis) Männern und feministischer Bewegung zu erkunden und daraus eine eigene Praxis abzuleiten.[165] Das lässt sich zwar auch auf den Zustand der Bewegung zurückführen – meist handelt es sich um die einzig Gruppe der Gegend, die oft bei null anfangen muss –, vor allem kommt hier aber ein männliches Souveränitätsbedürfnis zum Tragen. Denn wenn linke (cis) Männer sich zusammenfinden, um nach *der* Erfahrung oder *der* Praxis zu suchen, mit der sie als Männer feministisch wirken können, geht es vor allem darum, ihre Position und Praxis aus sich selbst zu schöpfen. Die patriarchalen Missstände, die ihnen eigentlich ins Gesicht springen müssten, können so erfolgreich vermieden werden.

Stattdessen werden Inhalte und Art der Organisationsform von Anfang an entkoppelt bzw. praktisch verkehrt. Klassischerweise entsteht dabei das bereits benannte Dogma einer angestrebten Vertrautheit unter den (cis) Männern, die unvermittelt zum Wert an sich erklärt wird. Der eigene gewaltvolle Zugang zu Gefühlen und Sexualität wird dann z. B. nicht mehr in der konkreten Auseinandersetzung mit Täterschaft konfrontiert und dabei auch anders erlebt und erlernt, sondern genau andersherum: Irgendwie soll erst mal eine geteilte männliche Emotionalität entstehen – getragen von der Fantasie, dass sich alles andere dadurch schon lösen werde. Die bereits kritisierte Antipatriarchale Männergruppe Jena, die sich erst nach einer beeindruckend offensiven Aufforderung[166] von Feminist*innen

165 Nachvollziehbar z.B. in dieser Diskussion mit solchen Gruppen aus Leipzig und Bremen: Tonaufnahme der Online-Veranstaltung vom 25. Mai zur Suche nach einer kollektiven profeministischen Praxis von (cis-) Männern mit Jeja Klein und Kim Posster. In: *Kollektive Formen*, 25.05.2021. https://kollektiveformen.de/profeministische-organisierung/ (Zugriff am 09.06.2022), insb. ab 00:43:00.

166 Die feministische Gruppe Das schlechte Gewissen hat dankenswerterweise eine komplette Chronik der Welle der sexuellen Gewalt in Thüringen und der Reaktionen auf sie, inklusive des feministischen Aufrufs zur Gründung der Gruppe und weiterer Statements ab dem Outcall des Augusts 2020, aus Jena zusammengetragen, die bis heute aktualisiert wird: Chronik.

gründete, ist ein klassischer Fall dafür: Sie sprach bei ihrem ersten Treffen nicht über männliche Gewalt, sondern über ihren Zugang zu Gefühlen und die allgemeine Bedeutung des Patriarchats für die anwesenden cis Männer. Zeitgleich wurden auf der begleitenden Demo gegen männliche Gewalt Erfahrungsberichte von Vergewaltigungen durch ihre Geschlechtsgenossen teilweise unter Tränen verlesen.[167]

Demgegenüber forderte der bereits zitierte Aktivist aus dem *Männerrundbrief* eine „Abhängigkeiten bejahende Orientierung von Männerorganisierung“[168] – also eine Praxis, die nur in Anbindung an konkrete feministische Kämpfe oder Gruppen existiert. Hier stünde weder gefühliges Reflektieren noch abstraktes Räsonieren von (cis) Männern über (ihre) Männlichkeit am Anfang, sondern sie nähme jene Widersprüche und Missstände zum Ausgangspunkt, mit denen sich vor allem (cis) Männer konfrontieren müssen – schon allein, weil sie in der Regel ein manifester Teil des Problems sind. Die Fragen, was (die eigene) Männlichkeit bedeutet, was sich an ihr ändern muss und welche Konsequenzen vor allem Männer daraus ziehen müssen, ergeben sich beim Kampf gegen männliche Gewalt oder bei der feministischen Streikpraxis gegen die herrschenden (Re-)Produktionsverhältnisse zwar nicht automatisch; sie geben jedoch leitende Widersprüche und Ziele vor, an denen entlang Männlichkeit auf- und angegriffen werden kann.

Das wäre noch keine Antwort auf die schier endlosen Listen an Reflexionsfragen, die in profeministischen Texten gern in den

In: *Das schlechte Gewissen*, o.D. https://dasschlechtegewissen.noblogs.org/chronik/ (Zugriff am 31.05.2022).

167 Nachvollziehbar wird das in dieser Diskussion, die ich u.a. mit einigen damaligen Mitgliedern kurz nach der Gründung der Gruppe geführt habe: Vgl. Falken Jena: „Kritische Männergruppen“. Diskussion mit Kim Posster vom 16.10.2020. In: *Falken Jena*, 16.10.2020. https://falken-jena.de/wp-content/uploads/2020/10/Diskussion-Kim-Posster-Kritische-Maennergruppen.mp3 (Zugriff am 01.06.2022), 01:07:50–01:09:15 min.

168 N.N.: Eine kleine Männer-Geschichte, S.21.

Raum geworfen werden,[169] würde aber endlich einmal festlegen, in welcher Hinsicht sie sich überhaupt stellen. Es ist nämlich etwas grundsätzlich anderes, ob ich in einer kritischen Männlichkeitsrunde allgemein über meine (Konkurrenz-)Beziehungen als Mann zu anderen Männern spreche – in der frommen Hoffnung, dass das irgendwann, irgendwie mein Verhalten und Verhältnis dazu ändern wird – oder ob ich versuche (zusammen mit anderen), die männerbündischen Strukturen und männliche Dominanz in Betrieben, Familien oder der eigenen politischen Organisation aufzubrechen. Denn hier müssten sich Haltung, Handlung und ihr Rahmen in der Auseinandersetzung selbst ergeben und erweisen:

> Mann meidet solch eine Praxis lieber und versucht damit zu verhindern, sich als zerrissen, ohnmächtig, verletzlich oder auf Andere verwiesen erleben zu müssen. Dabei könnten – es sei noch einmal positiv betont – gerade die im Verlauf pro:feministischer Praxis auftauchenden Erkenntnisse, Widersprüche, patriarchalen Dynamiken, Spuren eigener Zurichtung usw. als etwas begriffen werden, das sich weder verhindern lassen muss noch kann, dem aber durch kritische Reflexion, das Ziehen von Konsequenzen und nicht zuletzt die Umgestaltung der Praxis begegnet werden kann.[170]

Das Prinzip ‚autonom, aber nicht souverän' würde hier dazu beitragen, dass die betreffenden Männer weder feministisch betreut werden müssten, um aktiv zu werden, noch einfach vor sich hin laborieren könnten. Stattdessen müssten sie auch hier in konkreter Verbindlichkeit und Abhängigkeit gegenüber feministischer Macht eigenaktiv werden. Statt ständig neue Gruppen oder riesige Vernetzungsversuche zu gründen, die alle (cis)

169 „Wie ist z. B. Mein Verhältnis zu Weiblichkeit? Zu Frauen? Zu Männlichkeit? Zu Männern? Zu Konkurrenz? Zu Erfolg(losigkeit)? Zu Verletzlichkeit?" (Sebastian Scheele: Männer entdecken sein Geschlecht. Überlegungen zu antisexistischer Männerpolitik und Alltag. In: AG Gender Killer (Hrsg.): *Das gute Leben*. Münster: Unrast 2011, S. 129–149, hier S. 146.)

170 N.N.: Männlichkeit und Pro:feminismus. Vom Ende einer Veranstaltung und zum Fehlen einer Praxis. In: *Ficko Magazin*, 08.09.2019. https://ficko-magazin.de/mannlichkeit-und-profeminismus/ (Zugriff am 09.06.2022).

Männer abholen wollen, die der Feminismus gerade umtreibt, müsste man(n) direkt an feministische Kämpfe anschließen und in ihnen für eine männlichkeitskritische Ausrichtung streiten. Besonders letzteres ist auch und gerade dort notwendig, wo auf den ersten Blick keine primär feministischen Ziele verfolgt werden. Herrschaftliche Ignoranz gegenüber feministischen Voraussetzungen, männerbündische Strukturen und eine fehlende Praxis und Haltung zu Täterschaft sind schließlich der Normalfall in nahezu allen linken Zusammenhängen, ganz gleich zu welchen Inhalten sie aktiv sind.

Schon hier müsste der Kampf gegen Männlichkeit beginnen und effektiv setzen, dass (cis hetero) Männer diese Missstände anzugehen haben. Vor dem Hintergrund der historischen Niederlage des Feminismus handelt es sich weniger um eine Frage des guten Willens der Männer als um eine der feministischen Gegenmacht und ihrer organisierten Männlichkeitskritik. Denn die Kritik an Männlichkeit zu vertreten, ihre Bedingungen zu organisieren und ihre Konsequenzen zu erkämpfen; Männlichkeit nur negativ, in kritischen Absetzbewegungen immer wieder aufzugreifen, bis sie sich erledigt hätte, als leidenschaftliches Aufbegehren gegen die patriarchalen Zustände inner- und außerhalb der Linken: All das gilt es erst noch weiter zu verwirklichen. Dass allein der Gedanke daran, die schreckliche Einsamkeit dieses Vorhabens spürbar werden lässt, ist kein Grund zur Resignation, sondern der erste Schritt, um mit ihr zu brechen.

Literaturverzeichnis

1 in 5 Men Will Not Reach the Age of 50 in the Americas, Due to Issues Relating to Toxic Masculinity. In: *Pan American Health Organization*, 18.11.2019. https://www3.paho.org/hq/index.php?option=com_content&view=article&id=15599:1-in-5-men-will-not-reach-the-age-of-50-in-the-americas-due-to-issues-relating-to-toxic-masculinity&Itemid=0&lang=en#gsc.tab=0 (Zugriff am 10.12.2021).

Adamczak, Bini: *Beziehungsweise Revolution. 1917, 1968 und kommende.* Berlin: Suhrkamp 2018.

Das Ende der Herrschaften; was wäre wenn. In: *Initiative Offene Gesellschaft*, o. D. https://offenegesellschaft.org/das-ende-der-herrschaften/ (Zugriff am 23.06.2022).

Adichie, Chimamanda Ngozi: We Should All Be Feminists. In: *TED*, Dezember 2012. https://www.ted.com/talks/chimamanda_ngozi_adichie_we_should_all_be_feminists (Zugriff am 16.06.2022).

Alexander, Katharina: Mit diesen acht Tipps kannst du toxische Männlichkeit überwinden. In: *Die Zeit*, 11.01.2019. https://www.zeit.de/zett/politik/2019-01/rollenbilder-sprengen-so-koennen-wir-toxische-maennlichkeit-ueberwinden (Zugriff am 16.06.2022).

Ansprechgruppe Ende Gelände: Leitfaden zum Umgang mit sexualisierter Gewalt in Ende Gelände. Ein Zwischenstand zur Diskussion. In: *Ende Gelände*, Juli 2021. https://www.ende-gelaende.org/wp-content/uploads/2021/07/Ende_Gelaende_sexualisierte_Gewalt_Heft_bunt.pdf (Zugriff am 26.05.2022).

Antipatriarchale Männergruppe Jena: Reaktion auf die „Stellungnahme zum sogenannten ‚Gesprächskreis'" des AK Orga der Antipatriarchalen Männergruppe Jena. In: *Das schlechte Gewissen*, 05.12.2020. https://dasschlechtegewissen.noblogs.org/files/2021/04/2020-12-05-Reaktion-des-AK-Orga.pdf (Zugriff am 18.05.2022).

Bee, Melanie: Das Problem mit „Critical Whiteness". In: *Migrazine*, 2/2013. https://www.migrazine.at/artikel/das-problem-mit-critical-whiteness (Zugriff am 27.09.2021).

Bekiempis, Victoria: When Campus Rapists Don't Think They're Rapists. In: *Newsweek*, 09.01.2015. https://www.newsweek.com/campus-rapists-and-semantics-297463 (Zugriff am 26.04.2022).

bell hooks: *The Will to Change. Men, Masculinity, and Love.* New Yorks: Atria 2004.

Benjamin, Jessica: Die Antinomien des patriarchalischen Denkens. In: Wolfgang Bonss / Norbert Schindler (Hrsg.): *Sozialforschung als Kritik. Zum sozialwissenschaftlichen Potential der Kritischen Theorie*. Frankfurt am Main: Suhrkamp 1982, S. 426–455.

Die Fesseln der Liebe. Psychoanalyse, Feminismus und das Problem der Macht, aus. d. Engl. v. Nils Thomas Lindquist / Diana Müller. Frankfurt am Main: Klostermann 2015.

Betreuungskollektiv Leipzig (BeKo): Selbstverständnis. In: *Betreuungskollektiv*, 07.04.2021. https://betreuungskollektiv.wordpress.com/about/ (Zugriff am 21.06.2022).

BGB § 1356 Haushaltsführung, Erwerbstätigkeit [1. Juli 1958–1. Januar 1977]. In: *lexetius*, o. D. https://lexetius.com/BGB/1356,3 (Zugriff am 25.04.2023).

Buschmann, Rafael / Sophie Garbe / Timo Lehmann / Nicola Naber / Sara Wess: Linke fordern Konsequenzen nach Vorwürfen sexueller Belästigung in der Partei. In: *Spiegel*, 16.04.2022. https://www.spiegel.de/politik/deutschland/anschuldigungen-sexueller-uebergriffe-bei-linken-politiker-fordern-konsequenzen-a-54739ac2-aec8-46ad-9a3f-e622ea568c37 (Zugriff am 18.04.2022).

Das Schlechte Gewissen: Chronik. In: *Das schlechte Gewissen*, o. D. https://dasschlechtegewissen.noblogs.org/chronik/ (Zugriff 31.05.2022).

Döge, Peter: Geschlechterdemokratie als Männlichkeitskritik. Männerforschung, Männerpolitik und der „neue Mann". In: *Aus Politik und Zeitgeschichte* B 31–32 (2000). https://www.bpb.de/shop/zeitschriften/apuz/25500/geschlechterdemokratie-als-maennlichkeitskritik/ (Zugriff am 29.12.2021).

Doppe, Blu: Flirten 101. In: *Boykott Magazin* 1 (2021), S. 66–67.

/ Daniel Holtermann (Hrsg.): *Vom Scheitern, Zweifeln und Ändern. Kritische Reflexionen von Männlichkeiten*. Münster: Unrast 2021.

Workshops. In: *queer_topia**, o. D. https://www.queertopia.de/workshops (Zugriff am 30.04.2023).

e*space, Dresden: Unterschiedliche Bedürfnisse anerkennen. Forderung nach einer dauerhaften Beschäftigung mit sexualisierter Gewalt. In: *Jungle World*, 25.06.2020. https://jungle.world/artikel/2020/26/unterschiedliche-beduerfnisse-anerkennen (Zugriff am 20.05.2022).

Falken Jena: Statement zur „Antipatriarchale Männergruppe Jena". In: *Das schlechte Gewissen*, 17.12.2020. https://dasschlechtegewissen.noblogs.org/files/2021/04/2020-12-17-2.-Kritik-Statement-der-Falken-zur-Antipat.-Mannergruppe.pdf (Zugriff am 18.05.2022).

Formen der Gewalt erkennen. In: *BMFSFJ*, 22.12.2021. https://www.bmfsfj.de/bmfsfj/themen/gleichstellung/frauen-vor-gewalt-schuetzen/haeusliche-gewalt/formen-der-gewalt-erkennen-80642 (Zugriff am 15.04.2022).

Forster, Edgar J.: Jungenarbeit als Männlichkeitskritik. In: *Kofra. Zeitschrift für Feminismus und Arbeit* 96 (2002). http://www.kofra.de/htm/Zeitung/kofra096.pdf (Zugriff am 13.06.2022), S. 3–15.

Frey, Michael: Männlichkeit im Plural denken – das Konzept der hegemonialen Männlichkeit. In: *Bulletin – Texte* 41 (2014): Männlichkeiten. Kontinuität und Umbruch. https://www.gender.hu-berlin.de/de/publikationen/gender-bulletin-broschueren/bulletin-texte/texte-41/41-bulletin-endfassung-19.6.2014_gesamt (Zugriff am 22.10.2021), S. 12–29.

fs: Femmephobie in queeren Räumen. In: *Siegessäule*, 10.12.2019. https://www.siegessaeule.de/magazin/4542-femmephobie-in-queeren-r%C3%A4umen/ (Zugriff am 11.11.2021).

Gago, Verónica / Raquel Gutiérrez Aguilar / Susana Draper / Mariana Menéndez Díaz et al.: 8M. Der große feministische Streik. Konstellationen des 8. März, aus d. Span. v. Michael Grieder / Gerald Raunig. In: *transversal*, 2018. https://transversal.at/media/8M.pdf (Zugriff am 27.05.2022).

Gesterkamp, Thomas: Männerpolitik und (Anti-)Feminismus. In: *Aus Politik und Zeitgeschichte*, 17/2018. https://www.bpb.de/shop/zeitschriften/apuz/267944/maennerpolitik-und-anti-feminismus/ (Zugriff am 10.12.2021).

Gilchrist, Tracy E.: What Is Toxic Masculinity? In: *Advocate*, 11.12.2017. https://www.advocate.com/women/2017/12/11/what-toxic-masculinity (Zugriff am 23.06.2022).

Grüne Jugend Bayern: Männlichkeit neu definiert. In: *Facebook*, 03.11.2021. https://www.facebook.com/gjbayern/posts/10159735218779224 (Zugriff am 10.01.2022).

Gruppe besser als nix: Keine Sondertörtchen für Männlichkeit! Gedanken zu unseren Erfahrungen aus der transformativen Arbeit mit cis Männern, die sexualisierte Gewalt ausüben. In: Blu Doppe/ Daniel Holtermann (Hrsg.): *Vom Scheitern, Zweifeln und Ändern. Kritische Reflexionen von Männlichkeiten*. Münster: Unrast 2021, S. 205–226.

Gruppe ff, Berlin: Cis-Typen, macht euch verletzlich! In: *Jungle World*, 18.06.2020. https://jungle.world/artikel/2020/25/cis-typen-macht-euch-verletzlich (Zugriff am 14.01.2022).

gruppe mora (Hrsg.): *Piss on Patriarchy. Eine Auseinandersetzung mit der sexualisierten Gewalt auf dem Festival Monis Rache*. Münster: edition assemblage 2023.

Hechler, Andreas: Den Zweifel nähren. Meine kritische Auseinandersetzung mit Männlichkeit. In: *Ficko Magazin,* 12.02.2019. https://ficko-magazin.de/den-zweifel-naehren/ (Zugriff am 09.06.2021).

Hentze, Patrick: Männlichkeit als Negation. Zur Bedeutung von Schwulsein, Selbsthass und Schwulenfeindlichkeit für die Konstitution von Männlichkeit. In: *Bulletin – Texte* 41 (2014). https://www.gender.hu-berlin.de/

de/publikationen/gender-bulletin-broschueren/bulletin-texte/texte-41/41-bulletin-endfassung-19.6.2014_gesamt (Zugriff am 22.10.2021), S. 209–226.

Heß, Julian: Anmerkungen zum Verhältnis von Geschlecht und Kapital. In: Ders. / David Meier-Arendt / Christiane Schmitt / Jan Schäfer / Marcus Beisswanger (Hrsg.): *Geschlecht, Differenz und Identität*. Darmstadt: TU PRINTS 2018, S. 30–43. https://tuprints.ulb.tu-darmstadt.de/8271/1/Geschlecht%20Differenz%20Identita%CC%88t%20TU%20PRINTS.pdf (Zugriff am 23.06.2022).

Hintermeier, Johanna: Dieser Zahlenfeminist rechnet vor, warum deutsche Männer um Milliarden teurer sind als Frauen. In: *BR*, 17.05.2022. https://www.br.de/radio/bayern2/sendungen/zuendfunk/was-maenner-kosten-boris-von-heesen-buch-patriarchat-kritik-100.html (Zugriff am 20.09.2022).

Hoenes, Josch / Eugen Januschke / Ulrike Klöppel: Häufigkeit normangleichender Operationen „uneindeutiger" Genitalien im Kindesalter. Follow Up-Studie. In: *BMFSFJ*, 2019. https://doi.org/10.13154/rub.113.99 (Zugriff am 26.10.2021).

Hollywood Reporter: Hannah Gadsby Full Speech: „The Good Men" & Misogyny | Women in Entertainment. In: *YouTube*, 05.12.2018. https://www.youtube.com/watch?v=OEPsqFLhHBc (Zugriff am 16.05.2022).

Holtermann, Daniel: „Herumreflektieren reicht nicht". Gespräch mit Blu Doppe und Kim Posster über das Scheitern pro_feministischer Praxis. In: Ders. / Blu Doppe (Hrsg.): *Vom Scheitern, Zweifeln und Ändern. Kritische Reflexionen von Männlichkeiten*. Münster: Unrast 2021, S. 23–42.

Hurtado, Edson: *Gay sein in Zeiten des Evo Morales. Erlebnisse der LGBT-Community in Bolivien*, aus d. Span. v. Swintha Danielsen / Elif Yücel. Münster: edition assemblage 2018.

Indikator 2.1.2 der UN-Nachhaltigkeitsziele. Prävalenz von mittlerer oder schwerer Ernährungsunsicherheit in der Bevölkerung gemäß der Erfahrungsskala für Ernährungsunsicherheit (FIES). In: *D-Statis. Statistisches Bundesamt*, 2021. https://sdg-indikatoren.de/2-1-2/ (Zugriff am 27.09.2021).

Kadritzke, Till: Bewegte Männer. Men's liberation und Autonome Männergruppen in den USA und Deutschland, 1970–1995. In Feminismus Seminar (Hrsg.): *Feminismus in historischer Perspektive. Eine Reaktualisierung*. Bielefeld: Transcript 2014, S. 221–251.

Kirchhoff, Christine: Hass auf Vermittlung und „Lückenphobie". Zur Aktualität der Psychoanalyse. In: *Phase 2* 41 (2011/12). https://www.phase-zwei.org/hefte/artikel/hass-auf-vermittlung-und-lueckenphobie-103 (Zugriff am 02.05.2022).

Klein, Jeja: Wir leben immer noch in diesem Patriarchat In: *analyse & kritik* 647 (2019). https://www.akweb.de/gesellschaft/wir-leben-immer-noch-in-diesem-patriarchat (Zugriff am 20.09.2022).

Die Furcht linker Männer vor den Feministinnen. Wieso auch Männer, die sich für profeministisch halten, meist ein riesiges Problem mit Frauen haben. In: *analyse & kritik* 661 (2020). https://www.akweb.de/bewegung/die-furcht-linker-maenner-vor-den-feministinnen/ (Zugriff am 04.02.2022).

Korecky, Karina: Unter Wiederholungszwang. Über das bürgerliche Subjekt und Geschlecht. In: *freie-radios.net*, 08.03.2011. https://www.freie-radios.net/40323 (Zugriff am 01.10.2021).

Kracher, Veronika: *Incels. Geschichte, Sprache und Ideologie eines Online-Kults*. Mainz: Testcard 2020.

Krotz, Janosch: Über das Blogprojekt Kritische Männlichkeit. In: *Kritische Männlichkeit*, o. D. https://kritische-maennlichkeit.de/ueber-kritische-maennlichkeit/ (Zugriff am 03.12.2021).

Verbündetenschaft (Allyship). In: *Kritische Männlichkeit*, o. D. https://t1p.de/679a (Zugriff am 14.01.2022).

Was ist kritische Männlichkeit? In: *Kritische Männlichkeit*, o. D. https://kritische-maennlichkeit.de/was-ist-kritische-maennlichkeit/ (Zugriff am 03.12.2021).

Lehnert, Bettina / Christine Gerberding: Femizide in Deutschland. Wenn Männer Frauen töten. In: *NDR*, 25.11.2022. https://www.ndr.de/kultur/Femizide-in-Deutschland-Fallzahlen-gehen-2021-leicht-zurueck,femizid100.html (Zugriff am 10.04.2023).

Lerner, Gerda: *Die Entstehung des Patriarchats*. Frankfurt am Main / New York: Campus 1991.

Letourneur, Daisy: *Man wird nicht als Mann geboren. Kleine feministische Abhandlung über Männlichkeiten*, aus d. Franz. v. Florian Kanz. Münster: Unrast 2023.

Linkerhand, Koschka: Das politische Subjekt Frau. In: Dies. (Hrsg.): *Feministisch Streiten*. Berlin: Querverlag 2018, S. 33–36.

Mitten unter uns. Überlegungen zum transnationalen Kampf gegen Femizide. In: *konkret. Zeitschrift für Politik und Kultur*, 8/2020, S. 40–43, u. 9/2020, S. 21–23. https://koschkalinkerhand.de/wp-content/uploads/2020/09/Mitten-unter-uns.pdf (Zugriff am 21.06.2022).

Majewski, Daria Kinga: Töchter der Räuberin. Zu Differenz und Gemeinsamkeit von cis und trans Weiblichkeit. In: Koschka Linkerhand (Hrsg.): *Feministisch Streiten*. Berlin: Querverlag 2018, S. 62–78, hier S. 67.

Malzahn, Rehzi: Eine bessere Konfliktkultur aufbauen. Sexualisierte Gewalt kann nur mit einer anderen Konfliktkultur bekämpft werden. In: *Jungle*

World, 16.07.2020. https://jungle.world/artikel/2020/29/eine-bessere-konfliktkultur-aufbauen (Zugriff am 23.05.2022).

Dann sind wir wohl alle Arschlöcher In: *Rehzi Malzahn*, 23.11.2021. https://rehzimalzahn.net/dann-sind-wir-wohl-alle-arschloecher/ (Zugriff am 25.04.2023).

Denken hilft In: *Rehzi Malzahn*, 15.07.2022. https://rehzimalzahn.net/denken-hilft/ (Zugriff am 25.04.2023).

Memo, Ashley: „Was können wir tun, damit du es nicht wieder tust?" Linke Täterarbeits-Konzepte tendieren zu Schuldumkehr zulasten der Betroffenen. In: *analyse & kritik* 692 (2023). https://www.akweb.de/bewegung/linke-taeterarbeit-konzepte-schuldumkehr-maennlichkeit/ (Zugriff am 25.04.2023).

Merian, Svende: *Der Tod des Märchenprinzen*. Hamburg: Rowohlt 1983.

Meuser, Michael: Ernste Spiele. Zur Konstruktion von Männlichkeit im Wettbewerb der Männer. In: Karl-Siegbert Rehberg (Hrsg.): *Die Natur der Gesellschaft. Verhandlungen des 33. Kongresses der Deutschen Gesellschaft für Soziologie in Kassel 2006*, Teilbd. 1 u. 2. Frankfurt am Main: Campus 2008, S. 5171–5176. https://nbn-resolving.org/urn:nbn:de:0168-ssoar-154245 (Zugriff am 16.06.2022).

Minzgespinst: Sozialisiert im Patriarchat. In: *Minzgespinst*, 21.11.2021. https://minzgespinst.net/sozialisiert-im-patriarchat/ (Zugriff am 16.06.2020).

MONAliesA: Keine sicheren Räume?! „Fight Law and Order"? – Und wie wehren wir uns gegen sexistische Gewalt? In: *Mixcloud*, 2021. https://www.mixcloud.com/MONAliesA_Leipzig/keine-sicheren-r%C3%A4ume-fight-law-and-order-und-wie-wehren-wir-uns-gegen-sexistische-gewalt/ (Zugriff am 27.05.2022).

Neulich in der Männergruppe. In: *Boykott Magazin* 1 (2021). https://www.boykott-magazin.de/artikel/neulich-in-der-m%C3%A4nnergruppe/ (Zugriff am 21.06.2022).

N.N.: Eine kleine Männer-Geschichte. Thesen und ein paar Erfahrungen zum Thema „Autonomie – Patriarchat – Organisation". In: *Männerrundbrief* 6 (April 1995): Männer in Bewegung, hrsg. v. Männer-Medienarchiv. https://maennerrundbrief.noblogs.org/files/2021/10/MRB_06.pdf (Zugriff am 10.04.2023), S. 17–24.

N.N.: Männlichkeit und Pro:feminismus. Vom Ende einer Veranstaltung und zum Fehlen einer Praxis. In: *Ficko Magazin*, 08.09.2019. https://ficko-magazin.de/mannlichkeit-und-profeminismus/ (Zugriff am 09.06.2022).

Parbey, Celia: Autor JJ Bola: Warum Männlichkeit für Jungs ein Albtraum ist. In: *Die Zeit*, 06.09.2020. https://www.zeit.de/zett/politik/2020-09/autor-jj-bola-warum-maennlichkeit-fuer-jungs-ein-albtraum-ist (Zugriff am 09.05.2021).

Pickert, Nils: Warum Männer Feministen werden sollten. In: *FAZ*, 08.03.2020. https://www.faz.net/aktuell/gesellschaft/menschen/warum-maenner-feministen-werden-sollten-16668366.html (Zugriff am 22.06.2020).

Pohl, Rolf: „(...) vom Liebhaber zum Lustmörder." Die Legierung von Sexualität und Aggression in der männlichen Geschlechtsidentität. In: Sylvia von Arx / Sabine Gisin / Ita Grosz-Ganzoni / Monika Leuzinger / Andreas Sidler (Hrsg.): *Koordinaten der Männlichkeit. Orientierungsversuche.* Tübingen: Discord 2003, S. 15–47.

Feindbild Frau. Männliche Sexualität, Gewalt und die Abwehr des Weiblichen. Hannover: Offizin 2004.

Radonic, Ljiljana: Psychoanalyse und Geschlechterverhältnis. In: *Context XXI* (08/2002–1/2003). https://www.cafecritique.priv.at/PAgeschlechter verhaeltnis.html (Zugriff am 12.05.2022).

redical [M] Kommunistische Gruppe Göttingen: KEINE MEHR! Über Femizide und das Ende des kapitalistischen Patriarchats. In: *redical [M]*, 2021. https://redicalm.org/einsteigerinnen-broschure-gegen-patriarchale-gewalt/ (Zugriff am 27.06.2022).

Respons Kollektiv: *Was tun bei sexualisierter Gewalt? Handbuch für die Transformative Arbeit mit gewaltausübenden Personen*. Münster: Unrast 2021.

Rommelspacher, Birgit: Die Sucht zu sehr zu lieben. Die neue Krankheit der Frau? In: Dies. / Roswitha Burgard (Hrsg.): *LEIDEunLUST. Der Mythos vom weiblichen Masochismus.* Berlin: Orlanda-Frauenverlag 1989, S. 92–110.

Roock, Marco: „Der Mann, der immer kann?" Kritische Anmerkungen zum Begriff der sexualisierten Gewalt aus politisch-psychologischer Perspektive. In: *GENDER. Zeitschrift für Geschlecht, Kultur und Gesellschaft* 4,2 (2012), S. 116–128. https://nbn-resolving.org/urn:nbn:de:0168-ssoar-396030 (Zugriff am 07.06.2022).

Sanyal, Mithu: Feminism is good for you – auch und gerade wenn du ein Mann bist. In: Arne Hoffmann (Hrsg.): *Gleichberechtigung beginnt zu zweit. Können Feminismus und Maskulismus für eine ganzheitliche Geschlechterpolitik zusammenwirken?* Marburg: Tectum 2019, S. 103–120.

Vergewaltigung. Aspekte eines Verbrechens. Hamburg: Nautilus 2020.

Sarbo, Bafta: Männlichkeit und Konkurrenz. Pumpen, Boxen, Weinen. In: *Lower Class Magazine*, 03.03.2021. https://lowerclassmag.com/2021/03/03/maennlichkeit-und-konkurrenz-pumpen-boxen-weinen/ (Zugriff am 20.05.2022).

Scheele, Sebastian: Männer entdecken sein Geschlecht. Überlegungen zu antisexistischer Männerpolitik und Alltag. In: AG Gender Killer (Hrsg.): *Das gute Leben.* Münster: Unrast 2011, S. 129–149.

Schnibbe, Bilke: Kritische Man-Babies. In: *analyse & kritik* 662 (2020). https://www.akweb.de/ausgaben/662/linke-manner-immer-noch-uberfordert-bei-sexueller-gewal/ (Zugriff am 21.02.2022).

Nutzlose Täterarbeit in linken Gruppen. In: *Jungle World*, 11.06.2020. https://jungle.world/artikel/2020/24/nutzlose-taeterarbeit-linken-gruppen (Zugriff am 16.05.2022).

Verräter gehen, Vergewaltiger bleiben. In: *analyse & kritik* 684 (2022). https://www.akweb.de/politik/johannes-domhoever-linke-szene-taeterschutz-verraeter-gehen-vergewaltiger-bleiben/ (Zugriff am 22.09.2022).

Schörmann, Christin: Rezension zu: Gabriele Frick-Baer: Trauma – „Am schlimmsten ist das Alleinsein danach". Sexuelle Gewalt – wie Menschen die Zeit danach erleben und was beim Heilen hilft. Semnos Verlag (Neukirchen-Vluyn) 2013. In: *socialnet*, 16.02.2017. https://www.socialnet.de/rezensionen/22065.php (Zugriff am 06.06.2022).

Serano, Julia: Julia Serano on the Ramifications of 'Sissy-Shaming' for Kids of All Genders In: *Literary Hub*, 02.06.2022. https://lithub.com/julia-serano-on-the-ramifications-of-sissy-shaming-for-kids-of-all-genders/ (Zugriff am 03.05.2023).

Soetbeer, Malin: Neue Männer braucht das Land … nicht. In: *analyse & kritik* 674 (2021). https://www.akweb.de/gesellschaft/neue-maenner-braucht-das-land-nicht/ (Zugriff am 22.04.2022).

Soytas, Yasemin: Übertragung / Gegenübertragung – Psychoanalyse praxisnah erklärt. In: *psylife*, 08.10.2019. https://psylife.de/magazin/psychotherapie/psychoanalyse-uebertragung-gegenuebertragung (Zugriff am 06.06.2022).

Speck, Sarah: Verspannte Frauen, Coole Männer. Gleichheitsvorstellungen und Arbeitsteilung in heterosexuellen Paarbeziehungen. In: *Phase 2* 49 (2014). https://www.phase-zwei.org/hefte/artikel/verspannte-frauen-coole-maenner-609 (Zugriff am 16.06.2022).

Specter, Nicole: Oxford Dictionary's Word of 2018 Says a Lot About How We Feel as a Planet. In: *NBC News*, 09.11.2018. https://www.nbcnews.com/better/pop-culture/oxford-dictionary-s-word-2018-says-lot-about-how-we-ncna937896 (Zugriff am 03.12.2021).

Stapleton, Emma: How Is Transformative Justice Different from Restorative Justice? In: *Novel Hand*, 30.12.2020. https://novelhand.com/restorative-and-transformative-justice/ (Zugriff am 25.04.2023).

Statement der FLINT Personen zur Auflösung der RJG. In: *Barrikade*, 09.11.2020. https://barrikade.info/article/3991 (Zugriff am 13.06.2022).

Stokowski, Margarete: Wie kann ich als Mann Feminist sein? In: *Spiegel*, 16.04.2019. https://www.spiegel.de/kultur/gesellschaft/wie-koennen-maenner-feministen-sein-kolumne-a-1263070.html (Zugriff am 16.06.2022).

Strobl, Ingrid: Die Angst vor den Frösten der Freiheit In: Dies. / Klaus Viehmann / GenossInnen autonome l.u.p.u.s.-Gruppe: *Drei zu Eins* [1990]. Berlin: ID 2001, S. 2–10, hier S. 9. https://archiv-kiel.de/hausdruck/pdf/3zu1.pdf (Zugriff am 26.05.2022).

Thürmer-Rohr, Christina: Feminisierung der Gesellschaft. In: Dies.: *Vagabundinnen. Feministische Essays.* Berlin: Orlanda-Frauenverlag 1987, S. 106–121.

Tonaufnahme der Online-Veranstaltung vom 25.Mai zur Suche nach einer kollektiven profeministischen Praxis von (cis-)Männern mit Jeja Klein und Kim Posster. In: *Kollektive Formen*, 25.05.2021. https://kollektiveformen.de/profeministische-organisierung/ (Zugriff am 09.06.2022).

Torenz, Rona: *Ja heißt ja? Feministische Debatten über einvernehmlichen Sex.* Stuttgart: Schmetterling 2019.

Trumann, Andrea: Das Bedürfnis nach Gleichheit. Eine Kritik der bürgerlichen Frauenbewegung. In: *Outside the Box* 1 (2009). https://outside-mag.de/issues/1/posts/47 (Zugriff am 23.09.2022).

Das bürgerliche Subjekt und sein Anderes. Zur Subjektivierung der Geschlechtscharaktere. In: *CEE IEH* 163 (2009). https://conne-island.de/nf/163/20.html (Zugriff am 23.06.2022).

UN: Emma Watson at the HeForShe Campaign 2014. Official UN Video. In: *YouTube*, 23.09.2014. https://www.youtube.com/watch?v=gkjW9PZBRfk (Zugriff am 16.06.2022).

Urwin, Jack: *Boys Don't Cry. Identität, Gefühl und Männlichkeit*, aus d. Engl. v. Elvira Willems. Hamburg: Nautilus 2017.

Weller, Konrad / Gustav-Wilhelm Bathke / Anja Kruber / Heinz-Jürgen Voß: *PARTNER 5 Jugendsexualität 2021. Primärbericht: Sexuelle Bildung, sexuelle Grenzverletzungen und sexualisierte Gewalt.* Merseburg: Hochschule Merseburg 2021. https://www.ifas-home.de/wp-content/uploads/2021/07/Primaerbericht-Gewalt-PARTNER-5-Jugendliche-FINAL.pdf (Zugriff am 15.04.2022).

What Are Gender Roles and Stereotypes? In: *Planed Parenthood*, o. D. https://www.plannedparenthood.org/learn/gender-identity/sex-gender-identity/what-are-gender-roles-and-stereotypes (Zugriff am 12.12.2021).

Wilpert, Bettina: Sanktionen allein helfen nicht. In: *Jungle World*, 04.06.2022. https://jungle.world/artikel/2020/23/sanktionen-allein-helfen-nicht (Zugriff am 18.05.2022).

Wittenzellner, Ulla: Männlichkeit(en). Eine Annäherung. In: *Boykott Magazin* 1 (2021), S. 10–17. https://www.boykott-magazin.de/artikel/maennlichkeiten-eine-annaeherung/ (Zugriff am 27.06.2022).

Nices Flirten!? In: *Boykott Magazin* 1 (2021), S. 68–73. https://www.boykott-magazin.de/artikel/nices-flirten/ (Zugriff am 27.06.2022).

/Lukas Tau: Sex & Flirten. In: *Boykott Magazin* 1 (2021), S. 64–65. https://www.boykott-magazin.de/artikel/einleitung-rubrik-sex-flirten/ (Zugriff am 27.06.2022).

Zazanis, Noah: On Hating Men (And Becoming One Anyway). Transmasculinity, Feminism, and the Politics of Online. In: *The New Inquiry*, 24.12.2019. https://thenewinquiry.com/on-hating-men-and-becoming-one-anyway/ (Zugriff am 10.04.2023).

Zingg, Rahel: „Männer müssen bereit sein, Privilegien abzugeben". So werden Männer zu Feministen. In: *Welt*, 18.02.2018. https://www.welt.de/iconist/iconista/article173487816/Maenner-und-Feminismus-So-werden-Maenner-zu-Feministen.html (Zugriff am 22.06.2022).

Relationen. Essays zur Gegenwart

hrsg. von David Jünger / Sebastian Voigt

Bisher erschienen

Bd. 1 Miriam N. Reinhard:
Von der Schwelle
Diana. Ihr eigener Tod in der Ordnung der Anderen

Bd. 2 Jonas Nesselhauf / Markus Schleich (Hrsg.):
Gegenwart in Serie
Abgründige Millieus im aktuellen Qualitätsfernsehen

Bd. 3 Micha Brumlik:
Wann, wenn nicht jetzt?
Versuch über die Gegenwart des Judentums

Bd. 4 Gerald Lind / Doris Pany (Hrsg.):
Ambivalenzraum Universität

Bd. 5 Nora Weinelt:
Minimale Männlichkeit
Figurationen und Refigurationen des Anzugs

Bd. 6 Marcus Termeer:
Menschen mit fremden Wurzeln in hybriden Stadtlandschaften
Versuch über Identität und Urbanität im Postfordismus

Bd. 7 Johannes Spohr:
Verheerende Bilanz: Der Antisemitismus der Linken
Klaus Rózsa und Wolfgang Seibert zwischen Abkehr, kritischer Distanz und Aktivismus (vergriffen)

Bd. 8 Diego Mantoan:
Autoritär, elitär & unzugänglich
Kunst, Macht und Markt in der Gegenwart

Bd. 9 Hans-Joachim Hahn:
Narrative des Neuen Menschen. Vom Versprechen einer besseren Welt

Bd. 10 Joachim C. Häberlen:
Wie aus Fremden Freunde werden
Ein politisches Essay über Begegnungen mit Flüchtlingen

Bd. 11 Gregor Balke:
Vom komischen Scheitern.
Über neue (Selbst-)Bilder der Weiblichkeit aus Amerika

Bd. 12 Sarah Kleinmann:
Verbindungen und Brüche
Über (Neo-)Nationalsozialismus und die staatlichen Programme gegen Rechtsextremismus

Bd. 13 Ivo Eichhorn:
Kritik und Reproduktion der Ideologie im Theater der Gegenwart

Bd. 14 Wolfgang Johann:
Ästhetische Transformationen der Gesellschaft
Von Hiob zu Patti Smith

Bd. 15 Anna Schor-Tschudnowskaja / Gerhard Benetka:
Post-Wahrheit
Über Herkunft und Bedeutung eines modisch gewordenen Begriffs

Bd. 16 Rahel Cramer / Jara Schmidt / Jule Thiemann:
Postmigrant Turn
Postmigration als kulturwissenschaftliche Analysekategorie

Bd. 17 Kim Posster:
Männlichkeit verraten!
Über das Elend der ‚Kritischen Männlichkeit' und eine Alternative zum heutigen Profeminismus

Bd. 18 Evelyn Echle:
Poetik des Verschwindens
Ruinen, Corona, Lost Places und die Modellierung von Zeit

Bd. 19 Matthias Naumann (Hrsg.):
Judenhass im Kunstbetrieb
Reaktionen nach dem 7. Oktober 2023

Bd. 20 Tobias Ebbrecht-Hartmann:
Gewalt als Bild
Die Bilder vom 7. Oktober im Spiegel der visuellen Erinnerung an die Shoah